校园生活丛书

青少年赠言、幽默、语录

孔令彦　何光崭　凌永放　编著

吉林人民出版社

图书在版编目(CIP)数据

青少年赠言、幽默、语录 / 孔令彦, 何光崟, 凌永放编著. -- 长春 : 吉林人民出版社, 2012.4

(校园生活丛书)

ISBN 978-7-206-08788-2

Ⅰ.①青… Ⅱ.①孔… ②何… ③凌… Ⅲ.①格言 – 汇编 – 世界 – 青年读物②格言 – 汇编 – 世界 – 少年读物 Ⅳ.①H033

中国版本图书馆 CIP 数据核字(2012)第 068307 号

青少年赠言、幽默、语录

QINGSHAONIAN ZENGYAN YOUMO YULU

编　　著 : 孔令彦　何光崟　凌永放
责任编辑 : 孙浩瀚　　　　　　　封面设计 : 七　洱
吉林人民出版社出版 发行 (长春市人民大街7548号　邮政编码:130022)
印　　刷 : 鸿鹄(唐山)印务有限公司
开　　本 : 670mm×950mm　　1/16
印　　张 : 12.5　　　　　　　字　　数 : 150千字
标准书号 : ISBN 978-7-206-08788-2
版　　次 : 2012年7月第1版　　印　　次 : 2023年6月第3次印刷
定　　价 : 45.00元

如发现印装质量问题,影响阅读,请与出版社联系调换。

目录 CONTENT 1

赠言卷

生命的源泉

父母篇 ·························· 001

桃李满天下

师长篇 ·························· 004

校内存知己

同窗篇 ·························· 008

情深意更长

朋友篇 ·························· 013

重要的美德

诚实篇 ·························· 030

堂堂正正活

正直篇 ·························· 034

做人要谦虚

谦逊篇 ·························· 037

量宽才伟大

坚忍篇 ·························· 039

博学亦多才

才学篇 ·························· 043

聪明智慧花

智慧篇 ·························· 046

目录
CONTENT
2

卓绝之本领

能力篇 ·································· 048

友好的表达

礼貌篇 ·································· 049

生辰有时日

生日篇 ·································· 051

喜庆乐无边

节日篇 ·································· 058

山高水又长

事业篇 ·································· 065

幽默卷

学堂正发烧

课堂篇 ·································· 069

幽默生活造

生活篇 ·································· 075

戏点嘻嘻师

老师篇 ·································· 083

笑方生产地

校园篇 ·································· 086

脑筋急转弯

急智篇 ·································· 101

汉字智慧逗

文字篇 ·································· 103

"网"事亦疯狂

网络篇 ·· 108

摹仿小行家

摹仿篇 ·· 111

牛在天上飞

吹牛篇 ·· 114

活宝小精灵

笑话篇 ·· 122

百兽也发笑

动物篇 ·· 126

古事翻筋斗

历史篇 ·· 133

油墨"笑"与"纸"

名著篇 ·· 136

语录卷

幽默问答

经典篇 ·· 141

绝对课堂

课堂篇 ·· 145

奇思妙想

创意篇 ·· 159

考试狂人

考试篇 ·· 167

目录 CONTENT 3

目 录
CONTENT
4

青春浪漫
成长篇 …………………………………… 168

叩问人生
哲理篇 …………………………………… 170

童言无忌
童趣篇 …………………………………… 174

生活万花筒
生活篇 …………………………………… 176

自我激励
励志篇 …………………………………… 183

心灵咏叹
青春篇 …………………………………… 190

赠言卷

生命的源泉
父母篇

世界是母亲创造的。在思念的时刻，我更加依恋您的慈祥、您的温暖、您的微笑、您给予我的爱……

树木的繁茂归功于土地的养育，儿女的成长归功于父母的辛劳——您博大、温暖的胸怀，真正地使我感受到了爱的奉献。

我是从故乡屋檐下飞出的小鸟，娇嫩的翅翼上凝结了您深情的热爱。

当年的幼雏，面对蓝天，我们一无所知，心里藏满了解不开的谜；如今，我们将凭借强劲的双翅遨游天空，去寻找那未知的答案。但无论我们飞得多高，飞得多远，总不会忘记可爱的家，不会忘记父母的养育之恩。

风度，是心灵教养的闪光，是人体美的极致——愿您保持现有风度，使美丽在身上永驻。

向日葵以日轮式的金色花冠报答阳光，马莲以淳朴的天青色花瓣报答青天，我以赤诚的心和创造的热情报答您——我慈爱的父亲。

母亲像丰饶的土地，我像土地上的一棵小草。母亲的给予是无尽的，而我的报答是微薄的。

用我的心抚平您额上的条条皱纹，用我的情染黑您头上的丝丝白发——感谢您对我的培育之恩。

假如我是作家，我的第一篇作品将是《母亲》；假如我是歌星，我的第一首歌也将是《母亲》。

感谢您使我永远拥有最清新的早晨、最明媚的春天。

您慷慨的赠予，不只是物质的资助，而且是精神的支持，使我的心湖涌起了感激的涟漪。

您的话语像潺潺的溪水渗入我的心田，激起我对美好的向往。

在我困难的时候您伸出过无私的手，在我痛苦的时候您奉献过真诚的心，在我失望的时候您伴我同行。在未来的岁月里，我愿把硕果捧给您。

您是大山里涌出的一眼温泉，滴滴点点凝成我理想的珠串，叮叮咚咚为我奏响进取的心音。

您是我身边的一片光明，和您在一起，我每天收获着热情和火。

运动，是健康的源泉，也是长寿的秘诀。盼您天天锻炼，益寿延年。

休息是我们的天然保姆。为了永葆青春，多做奉献，望您"一闲对百忙，年高身益壮"。

闻您重担在肩，夙夜匪懈，成绩卓著，硕果累累。谨愿百忙之中，起居有节，身心长健，永葆青春。

您才华超群，品格出众，您就像一颗径寸的珍珠，无论在什么地方，人们都能看到您老人家熠熠的光辉。

让您心中永远保留着年轻时的激情、年轻时的火焰吧！那么，您就会永远年轻，即使您已满头白发、步履蹒跚。

我经历过黑夜，我在黑夜的航路上没有触礁、没有搁浅——因为有您这盏用心燃亮的航标。

笑是生活中不可缺少的调料，没有笑声的生活是一种刑罚。没有笑声，生活就不能称其为真正的生活。

但得夕阳无限好，何须惆怅近黄昏。

从小到大，我在你们慈祥的目光里；从嗷嗷待哺到自食其力，我在你们关怀的思绪里。我离不开你们，我亲爱的父母。

鸟儿遇到风雨，躲进它的巢里；我心上有风雨袭来，总是躲进你的怀里。你是我遮雨的伞、挡风的墙，我怎么能不感谢你。 妈妈，您在哪里，哪里就有温暖，哪里就是家。

如果父母是雨，那我是雨后的彩虹，如果父母是月亮，那我是捧月的星星。父母是我生长的根，我是父母理想的果。

您是我身边的一棵大树，春天依着您幻想，夏天依着您繁茂，秋天依着您成熟，冬天依着您沉思。您那高大的树冠，使四野永不荒凉。

在我悲伤时，你们是慰藉；在我沮丧时，你们是希望；在我软弱时，你们是力量。你们是同情、怜悯、慈祥、宽宥的源泉。

岁月染白了您的头发，也在我心中刻下了爱的年轮；我心树的茂盛，正是您用慈爱浇灌的结晶。

您为我们付出了百倍的努力，这种努力是真诚的；即使我们的回报总也不足百分之一，但这种回报也是赤诚的。

您用自己的青春作为动力，鼓起了我们求知的风帆；您用自己的热爱化为阳光，照亮了我们心灵的角落。

桃李满天下
师长篇

传播知识，就是播种希望，播种幸福。老师，您就是这希望与幸福的传播者。

您像一支蜡烛，不断地燃烧自己，消耗自己，照亮了我前进的道路。您像一支粉笔，逐渐地磨损自己，传播智慧，把知识留给了我们。您又像一把梯子，让我们踩着您的肩膀，去攀登新的高峰。

每当收获的时刻，我总会情不自禁地想念辛勤播种的耕耘者——老师。

老师，离别虽然久长，而您那形象仿佛是一个灿烂发亮的光点，一直在我的心中闪烁。

您说，您爱大海的豪迈、大海的雄伟；我说，您就有大海的性格，大海的神魂。

爱，装点着世界；美，衬托着人生。您爱学生，您是为世界造福的人；您心灵纯朴而美丽，您是世界上最高尚的人。

您的教导，像潺潺的流水；您的智慧，像巍峨的高山。这些都会激起我的激情，使我向往美好的生活，向往崇高的事业。

您踏踏实实，宛如田野上的一头耕牛；您正直坚贞，好似山巅上的一棵青松；您敢于搏击，多么像浪尖上的一只白鸥！

您把知识慷慨地赠予我们，您还把做人的道路明确地指引给我们，您是我们心灵的开拓者，也是我们人生的领路人。

您，就像一棵绿叶如盖、挺拔直立的大树，枝蔓一直伸到天边，枝头挂满了成熟的甜果……

您有雄心壮志，但不好高骛远；您有真才实学，却不自视清高。老师，您就是踏踏实实的楷模，我们一生一世都学不完。

白发虽然爬上了您的两鬓，在我看来您却永远年轻，因为，在智慧的大海里，您始终与时代的先行者并驾齐驱。

老师，您是天上耀眼的星星，用明亮的星光照亮每一位学生的心灵。

成功源自您的栽培，优秀出自您的耕耘。为今天喝彩的同时，我们永远铭记您当初的教诲和箴言！

经历了风雨，才知道您的可贵；走上了成功，才知道您的伟大——谢谢您，我尊敬的老师！

您就像一位辛勤的园丁，我们就像您培植的小树，我们愿在冬天为您抵挡寒冷，春天带给您绿意，夏天带给您凉爽，秋天带给您硕果。

从您的言辞中，可以听到美好心灵强烈的搏动，既有理想火花的熠熠闪耀，又有对现实的不懈追求。

您的学识让我们钦佩，您的为人让我们折服。您的精神，我们会永远发扬。

一路上有您的教导，才不会迷失方向；一路上有您的关注，才更加自信勇敢。老师，谢谢您！

啊，有了您，花园才这般艳丽，大地才充满春意。老师，快推开窗子看吧，这满园桃李，都在向您敬礼。

您给了我们一把生活的尺，让我们自己天天去丈量；您给了我们一面模范行为的镜子，让我们处处有学习的榜样。

用语言播种，用彩笔耕耘，用汗水浇灌，用心血滋润，这，就是我们敬爱的老师的劳动。

教师是火种，点燃了学生的心灵之火；教师是台阶，承受着学生一步步踏实地向上攀登。

春蚕一生没说过自夸的话，可那吐出的银丝就是丈量价值的尺子。老师，您从未在别人面前炫耀过自己，但那盛开的桃李，就是对您最高的评价。

春雨染绿了世界，而自己却无声地消失在泥土中。老师，您就是滋润我们心田的春雨，我们将永远感谢您。

假如我能搏击蓝天，那是您给了我腾飞的翅膀；假如我是击浪的勇士，那是您给了我弄潮的力量；假如我是不灭的火焰，那是您给了我青春的光芒。

因为您一片爱心的浇灌，一番耕耘的辛劳，才有了桃李的绚丽、稻麦的金黄。但愿我的谢意化成一束不谢的鲜花，给您的生活带来芬芳。

忘不了您和风细雨般的话语，荡涤了我心灵上的尘埃；忘不了您浩荡东风般的激励，鼓起我前进的勇气。老师，我终生感激您。

在不远的将来，无论我成为挺拔的乔木，还是低矮的灌木，老师，我都将以生命的翠绿向您祝福。

您用生命的音符教了我一首歌，歌词是真实、坚定、谦逊、朴实、执着。我唱着歌，奔向七彩的新生活。衷心地感谢您，敬爱的老师。

当人们惊叹于彩虹的艳丽时，首先想到的是太阳；当我赢得鲜花和掌声的时候，我首先想到的是您。谢谢您，我的老师。

敬爱的恩师，愿您在爱的沃土中，尽享桃李遍天下的光荣与幸福。

您因材施教，善启心灵。我们捧着优异的成绩，来祝贺您的成功。

一根教鞭，指向理想的道路；三尺讲坛，映着您的可敬身影；七彩粉笔，描绘出知识王国的奥秘。啊，老师，您的生活是那么单调，又是那么丰富多彩。

海水退潮的时候，会把美丽的贝壳留在沙滩。当我们离开学校的时候，把最美好的祝愿留给敬爱的老师。

没有喝彩，没有鼓掌，您的一生平凡而又普通。但是，从普通公民到国家元首，从工农大众到科学家，都是您的学生。从这点来看，教师是最伟大的职业，您是最幸福的人。

博览群书，兼听众人；不分亲疏，无论尊卑；正直温和，幽默风趣。老师，这就是您生活的信条、工作的哲学、成功的奥秘。我们深为有您这样的一位良师益友而骄傲和自豪。

课上，您是良师，传授科学知识；课下，您是益友，教我们做人道理。人常说：一日为师，终身为父。我却说，您和父亲一样，都塑造了我的人生。

为了寻找大海，小溪在千山万壑中流淌，它永不停歇，曲曲折折地向前。亲爱的老师，您对事业的执着追求，多么像这不尽的溪水。

亲爱的老师，您那赤诚的爱，唤醒了多少迷茫，哺育了多少自信，点燃了多少青春，催发了多少征帆。

人生是一条没有尽头的路，我走着，走着，不断地走着。当我疲惫懈怠时，记忆中就会浮起您坚定的面容，坚毅的声音，坚韧的精神。老师啊，您教会了我生活，我怎能将您忘怀！

一路上有您的教导，才不会迷失方向；一路上有您的关注，才更加自信勇敢。老师，谢谢您！

校内存知己
同窗篇

也许会好久不见，也许会永远不见，道一声珍重，昂首向前。友谊的种子，已经播种在彼此的心田，即使路上多风雨，它也会萌发、生根、开花。

不要因为升学无望而心灰意懒，要看到你身处的这个时代的色彩，比你想象的丰富得多，你可以做出的选择也比你设想的多得多。

如果明天是一幢摩天大厦，今天就是决定那大厦寿命的基石。同学，让我们珍惜今天这一分一秒，把这大厦的基石打得无比坚实。

假如你曾有过虚度的时光，请不要以叹息作为补偿；明天的路途毕竟长于逝去的岁月。快迈步，前面相迎的是幸福的曙光！

常因流水思今日，每托清风怀故人。盼老同窗学业进步，身体健康！

分别是人生的驿站，为往日的欢笑与泪水画上一个句号。前方路怎么样，我们还不清楚。但请记住：可以平常，不可以平庸；可以有坎坷和跌倒，但不可以有懦夫。

今日同窗分手，说一声："珍重！"

明朝校友相聚，贺一句："成功！"

你想获得优异成果的话，请谨慎地珍惜和支配自己的时间。你爱惜你的生命，从不浪费时间，因为你知道：时间就是塑造生命的材料。

我听见种子在泥土里唱着希望之歌，我看见笋芽儿在使劲冲破泥土。拼搏吧，我的朋友，成功的命运，只掌握在自己的手里。

友谊的基础就在于两个人的灵魂有着最大的相似。

朋友，张开你的双臂迎接吧，前面是岁月镀金的早晨，是生命灿烂的前程。

绿色，是活活泼泼的生命；绿色，是蓬蓬勃勃的青春。摘一片绿叶送给你，希望和祝福就在这绿色之中。

送给你一本好书，愿它在你的心田里注进一滴甘露。

放出一只我心中的风筝，飞进你的纪念册里。即使我们长久地分离，也会有不断的长线，沟通我们心愿的信息……

地球要做的事——旋转；江河要做的事——奔流；树木要做的事——生长；我们要做的事——前进。

莫要说暮色沉沉，日渐黄昏，帆儿也要落下，翅儿也要收拢；转瞬间，又是一个金灿灿的黎明。这栖息，反倒助了远航，助了雏鹰。

跨出学校的大门，人生开始新的里程，愿你用生命的火花，去照亮通往未来的征程。

生活不乏曲折，人生常有不幸。现代人相信拼搏的力量，不为一时的挫折所怯，不为短暂的昏暗所惑。

榜上无名，脚下有路。只要奋斗，总有前途。

你是一首小诗，抒情是你的本质。我相信，你的前程将开满鲜艳的花朵，散发最迷人的青春气息。

生活给予每个人发展自己的天地，朋友，不用寻找，那个天地就在你自己心里！

人生的岁月，是一串珍珠；漫长的生活，是一组乐曲。而青春，是其中最璀璨的珍珠、最精彩的乐章。

从东升的太阳中寻找节奏，从葱绿的森林中寻找色彩，从洪亮的鸡鸣中寻找韵律——这是青春的颂歌。

白浪给你献花，阳光与你拥抱，海鸥与你话别，呵，生活的大海托着你青春的船只启航了！

不愿告别，却在告别，那稚气的年月；不愿告别，总在告别，那多梦的时节。

我们来到世上，就要直面人生，既会看到鲜花，也会发现阴影。切莫陶醉，也不必皱眉，要紧的是迎着阳光，去创造新的生活。

在小孩眼里，我们是大人；在大人眼里，我们是小孩；在我们眼里，我们就是我们。

回忆是对往日美好的珍惜。揭开记忆的尘封，追寻岁月的见证，让它更加有力地鼓起我们新的人生理想和热情。

我自己，是什么也不怕的，生命是我自己的东西，所以我不妨大步走去，向着我以为可以走去的路；即使前面是深渊、荆棘、峡谷、火坑，都是我自己负责。

愿天真纯洁伴你奔向五彩的明天，愿银铃般的笑声盈满你人生的旅途。

今天，我们是亲密的同学；明天，我们将是竞争的对手。愿友谊在竞争中更加深厚。

我们青春年少，任性而潇洒，像森林里一排不甘在下的幼树，倔强地生长，寻觅属于自己的广阔天空。

谁愿意做一个生活海洋中的采珠人，谁就可能拥有一个珍珠般的人生。

成功的花，人们只惊羡她现时的鲜艳，然而往往忽略了她的芽儿曾浸透了奋斗的泪泉。我赞赏你的成功，更钦佩你在艰难小道上曲折前行的精神。

三年同窗，共沐一片阳光；一千个昼夜，谱写了多少个友谊的篇章。愿逝去的岁月，都变成美好的回忆，永远留在我们的记忆中。

青春像一只银铃，系在我们的心坎上，只有不停地奔跑，它才会发出悦耳的声响。

打开厚厚的书本，你可以感觉到，这正如清晨起来，打开一扇向阳的窗子，清新凉爽的空气和微风一道进来，使你舒畅，使你沉醉……

打开你记忆的口袋吧！在这知识的果园里，各色各样的果子正累累地垂挂在枝头，只要你愿意，这美好的果实将任你采撷！

有人说知识的大门是敞开着的，我却以为它时时紧闭着。你得用执着的追求去撞击：冲击的力越强，门便开得愈大。

我年轻的朋友，让我们勒紧智慧的缰绳，在知识的原野上驰骋；让我们扬起心灵的帆，在探索的长河中奋进。

一本书就像一艘船，带领我们从狭隘的港湾驶向无限广阔的生活海洋。

时间，你不开拓它，它就悄悄长出青苔，爬上你生命的庭院，把你一生掩埋。

青春欢乐，青春路上没有痛苦。青春美妙，几乎每一处都有生机奔流。青春迷人，令幼稚仰慕，令衰老嫉妒。青春是一种风度，更是一宗财富——青春的追求一定是你我的追求……

是否还记得校园里那条鹅卵石铺成的小路，两旁有缤纷的花草。有多少个早晨，多少个傍晚，我们在这小路上漫步。我们谈理想、诉追求，切磋学术，讨论人生。小路留在我的记忆里，也烙在你的心里。

我们相逢在陌生时，我们离别在熟悉后。明天，我们将各自去寻找人生的坐标，朋友，千万要走好这第一步。

只希望，在一个漫天飘雪的夜晚，你打开今天的日记，发现我的影子，记起我们的友谊和欢乐。

毕业，意味着一个梦已经实现，预示着一个新的梦已经开始。我们不必为离别而悲伤，也许，下一个梦会更迷人。

带着稚气，带着惊异，带着迷惑，带着理想，带着自信……我们一起迎接着人生最美好的青春时光。

这就是友谊吧，当年有哭有笑，有吵有闹……如今，只有甜蜜的回味。

诚挚的友谊，将透明的心灵连接在一起，它始终发散着温柔甜蜜的芳馨。

我的思念犹如绵绵的清风，从春到夏，从秋到冬，只要你的窗帘轻轻飘动，就是我在轻声将你呼唤。

生命就像一次航行，当自己陷入一个漩涡，分不清方向，辨不清缘由时，就要跳到岸上去，冷静地看看，这样，你就会找到该走的路了。

鸟儿有高远的心，你有崇高的目标；鸟儿有强健的翅膀，你有毅力和智慧的双翼。飞吧，祝你鹏程万里！

祝愿你走到哪里，哪里的道路都为你变宽，哪里的清风都轻轻吹拂你的衣衫，哪里的人们都向你露出笑脸。

我们脚下的路，虽然小而曲折，但是它通向社会，是宽阔而平坦的大道的起点。所以，莫犹豫，莫徘徊，让我们轻轻爽爽地向前走吧。

我们是时间长河里的两朵浪花，蹦着、跳着、笑着，一起奔向太阳升起的地方。

情深意更长
朋友篇

日月悠悠，关山叠叠。一切龙盘虎踞的怪石、险滩，都未能阻止你生命之河的奔腾不息。啊，朋友，你青春的激流，是何等壮丽！

在长夜的路上，看到前面的火光，那是希望；在寒冷的冬天里，看到面前的火光，那是温暖。朋友，你是我人生路上的火光，给了我希望，也给了我温暖。

昨夜，月儿正朦胧，我悄悄送你远行，从此，天边有了一颗含泪的小星星……

寄语浮云晚霞，捎上我的心里话：我永远等着你，纵然是海角天涯。

茫茫人海，让你我瞬间相聚又瞬间分离，然而你我的心永远相知、默契。

你有你的赤橙黄绿，我有我的青蓝靛紫，天空同属于我们，因为我们同样年轻。

热情能战胜一切，因此我们可以说，一个人只要强烈地坚持不懈地追求，满怀热情地追求，他就能达到目的。

一边告别昨天的幼稚，一边编织明天的美梦，这就是你，这就是我。你我的集体名字叫"青年"！

悠扬欢乐的歌声，和谐温馨的世界，带来一片欢欣与喜悦，属于你，也属于我！

我和你心中都闪烁着一颗不灭的启明星。它照耀着我，也照耀着你，让我们抬头仰望，向它奔去，向它奔去。

越是想得近，越觉离得远。你身在异乡，唯有明月与我长相伴。何年何日，我俩再团圆？

日出日落，月圆月缺，总叫人期待。期待一次通话，一封意外的信件，一刻相聚的欢愉，一夕促膝的长谈，一束鲜花的清香……好友，我只期待着一丝喜悦——来自你。

一个人只靠自己是活不下去的，因此人们总是乐于参加一个集体；即使在集体里得不到休息，但是他可以得到心灵的平静，他会感到人身的安全。

我们徜徉过的小树林，我们观赏过的各色五彩的花朵……一切的一切，仍然依旧。你什么时候回来，我们一起再同游？

你走了，丢下那句话，在我这泓平静的心湖中，泛起缭乱的涟漪，神秘的梦境……

夕阳送你登程，风儿送你远行，留下的是彩霞、晚空。你何时归来，你我何时再聚？

那些阳光，那些暖雾，那些月色，那些甘露，都去了哪里？你走后……

我不忍心挥手，因为是告别；我不敢去想握手，因为下一次不知道要等到什么时候……

不需旦暮厮守，不需海誓山盟，只要记住那个月夜，只要记住那个时辰，还有那依依惜别的我们……

我们只是匆匆告别，列车带走了短暂的春天。春雨替我留下淅沥的眷恋，梦境中你我再见……

你明日就要启程，可别忘记带走我的那份友情，留下你的那颗真心。

我们在轻雾缭绕的清晨分别。露，莹莹的，像你纯真的眼睛；雾，蒙蒙的，像我浓浓的离愁。

纵使你与我终将离别，我还是要感谢你给了我一个美好的、令我寻味的回忆。

小楼又起春风，垂枝飘拂西东，忆别离，折柳相送，信誓重重。一去几度秋冬，飞雁来去匆匆。几时业成归来，畅怀饮，再圆梦？

攀登，人生就是攀登！让我们背负着命运给予的重载，艰苦跋涉，攀登上一个又一个意识、品德、情操、知识的高峰吧！

这是最后的冲刺了。努力吧，胜利将由最有耐力的人获得！

莫再留恋地看着过去，它不会再度来临；精明地利用好现在吧！它才是你的神灵。

你是水，你是清溪里的水，乐悠悠地流，笑盈盈地流，流到我的心田里成了酒。

轻柔的和风，送来了你对友情的呼唤。我的心胸，被你动人的歌声填满。这歌声竟能使我那吉它不弹自唱，更何况我的心弦！

轻轻地、轻轻地呼唤着你可爱的名字，咀嚼着、咀嚼着名字里天真的温存……

我愿变成一朵鲜艳夺目的小花，常年盛开在你目光注视的地方。

你是春天枝头上最绚丽的花朵，怎不令人仰慕？

你是河水，我是河岸；你滔滔的热情都盛在我的胸怀。

写过许多日记，记着我的心迹，倾吐着满怀友谊，张张页页上都有你。

鱼雁来回，林荫留影，并肩漫步……序曲奏了很久，今天我才向你唱出心歌的第一句，愿你同声应和。

我喜欢你一对水灵灵的眼睛，因为你爱用眼睛说话，双瞳中还充溢着无限灵气。

没有阳光，就没有雨后的彩虹。假如我是彩虹，那么，你就是阳光；是的，有了你，我的生活才会五彩缤纷。

无需太多的语言，只要那轻轻一眼的注视，一切便都会烟消云散，只留下两颗跳动的心。

命运把我俩撮合在一起，我与你亲密无间，友情同心随一路相偕到底！

我的心如圣诞之烛为你燃烧；我的胸中有个小小的港湾，遥盼你来停泊。

友情，是世界最富魅力、人间最富色彩的字眼。感谢你在我最困难的时候，把它给我送来……

你随意的一句话，曾使我豪情顿起；你一汪专注的眼波，更令我陶醉不已。呵，就像久旱的田地，吸吮绵绵细雨……

海水轻拂浅的沙滩，斜阳淡扫人的双影，还有心弦缓拨，挽留着我和你。

我和你，也许该为我们的重逢说上许多没有句号的悄悄话；也许该为我们的相聚唱上许多没有休止符号的歌；而我只能默默地对你说：有了你我就不会寂寞。

友情是一首古老的歌，当你灼热的眼光射向我时，我的心将为你而颤动。

采一朵诚挚的花，依依地镶在你的心灵深处；拨动你的心弦，唱出彼此的心曲……

银色的浪花送来了甜蜜的回忆，大海的呼唤在心灵激起了心灵的波涛。让我俩携手漫步在这充满诗意的海滩上，沐浴在温暖的海风中……

你是一只欢快的小鹿，在我心的绿草地上轻盈地跳过，我多么希望你能永远在这片草地上徜徉，让我的心不再寂寞。

青梅竹马，两小无猜；童真的友爱，永志难忘。请告诉我，这埋得久长的种子，能长久开花！

我的梦里开满春的花朵，多么想随着春风轻轻飘荡，飞进你的心怀！

如果你是美丽的海岸，我就是你脚下起伏的潮水，雪白的浪花里是为你而唱的恋歌，五色的彩贝是为你而写的诗句。无论涨潮还是退潮，海与岸永远相连。

多愿你的心是一个海呵，我宁做一枚珠贝，只要被海珍藏……

多彩的风信子，晃动着我的心情。你晶亮的眼睛，引燃了我青春的热情。

不论你去何处，我的心追寻着你的踪影，你落在地上的每一个足印，都会使我激动不已。

数不完的星星，数不完的记忆。弹起我心中的吉他，让心曲飞向远方，伴你进入甜甜的梦乡。

穿过世俗的风雨、流言的暗礁、嫉妒的漩涡，让爱的航船，驶向你心灵的港湾……

就是为了这不期而遇的相逢、心和心的撞击，我才整夜整夜地毫无睡意，一心等待着晨曦。

你的微笑是一首歌，青春的恋歌。那优美的旋律，经久不息地回荡在我的心谷与脑海……

你是一位童话里的仙女，给了我生活的芳香，给了我生命的春天。

你是一条小溪，流过我的面前，每天我都要默默地走近你；你是我心中的一首歌曲，每天陪着我轻唱低吟。我愿化为流水，与你溶为一体；我愿衔住你的每个音符，与你抒发共同的感情。

这世界多安谧，当和你在一起的时候，当你娓娓细语的时候，当你沉默的时候……我别的什么都听不见，耳边只响着你心里在唱的那首友爱之歌！

若你漫步林间，那盛开的花便是我热切的等待；那深绿的叶，便是我浓郁的友谊。

我是蜜蜂，扇着翅膀，飞向你的身边，采撷友情的汁，酿造友爱的蜜……

蓝天上飘着白云，白云下飘着柳絮；我将白云与柳絮连缀成一朵朵柔情的花，真诚地奉献给你。

友谊的线，不容许草率割断，因为割断了恢复后便多了一个结。

我把感情缀成最艳丽的花篮，我把思念谱成最美妙的乐章，为你歌唱，向你奉献。

你隐隐约约地向我跑来，我飘飘悠悠地向你奔去……这梦境定然会成为现实，我们将相聚在一片阳光下，生活在友情的小屋里。

既然你还记得我，既然你把心藏的秘密赠给我，那么，就让我的风笛，永远吹奏属于我们的黎明吧！

那夜空闪烁迷人的星光，那清晨鸟儿的啭鸣，那雨后大地散发的芬香，如果离开你，便会一个个失去魅力。

你的身影，在我心的底片上曝光——摄得那么真，印得那么深！

我的心因为你而激动或是宁静，我的爱因为你升华或更加深沉。

你用心灵，弹拨着我的心弦。我听到我的心在友情里荡漾，我听到了人类最美的乐声……

夜里，我是月亮，护送你进入梦乡；清晨，我是小溪，在你身旁欢畅地歌唱。

你是黎明时的樱花，披着露珠对我说话；你是傍晚时的青柳，沐着晚霞与我亲昵；你是我生活的伴侣，愿我们永远共享一个友情的世界。

为了报答你深情的一笑，我愿日夜向你倾吐心中永不消褪的友情。

我的心越过辽阔的海洋，翻过巍峨的高山，穿过深邃的森林，飞向你——只为了获得你甜甜的一笑。

你吹一管绿色风笛向我走来，迎春花一路绽放春之歌，我的友情被你唤起，来吧，请勇敢地走进我的天地！

你向我的心空射来神矢一枚，射中我热切而又迷茫的心田。我向你奉献诚心一片，一束情感的花枝正对你渐渐地盛开。

因为你，我的门前长出一棵相思树，每天用绿叶为我掸去惆怅；因为你，我的窗台多了一盆紫罗兰，盛开着我心中爱的鲜花。

你的笛音，像热烈的火苗，引燃我心中的情思；你的歌声，像轻快的白云，驮着我飞进爱的梦境。

打开你心灵的窗口吧，让我起伏难平的心意进去，让我梦中的思念进去，让我生命中的一个新世纪大步地进去！

你对我绽出的第一个微笑，是在我心灵上流动的友情的动人乐章。

我用真挚的友爱，折成一只友情的小船，让它一直驶进你那明镜似的心湖。

我不愿踏着月光徘徊，在泡沫中寻找虹的形象；我愿变为一张永远伴你的帆，胸中兜一股爱恋的热风。

我的心海里浪花涌动，奏出一阵雄壮的海涛之乐——我说，你听到了我心的律动了吗？

如果你是一条银色的长带，我愿做一颗嵌于长带上的小巧玲珑的宝石。

我的心上，永缀着你这颗银色的美丽明珠，我绝不会向世人炫耀，时时公开我的骄傲。

你是飞天捧着的洁白花朵，降在了我的心间，而那友情的海哟，飞溅起幸福的浪花。

叩开你富有的心的大门，我不是为了采撷奇草异香，秀木琼枝，只是为了摘下那朵独放的火一般的秋菊花。

你是一片火，燃得那么热烈，红得那么耀眼。几乎不用怀疑，我的身心将熔化于你的火中。

有什么地方让我如此留恋——那是你的神秘的心谷！那汩汩不断的爱恋之泉，那滔滔不绝的热情之河，都在这里起源……

你生命的心灵之链，和我的生命紧紧相连。不管你在天涯海角，不管冬去春来，我永远将你挂念，像白云迷恋着山巅。

请给我以火，我这儿有一颗灼热的心，正等待着燃烧，等待着燃烧！

在这新芽吐绿的季节，友情，是否也以绿的色彩，悄悄地降临你的心田？……

我心中有一条铺着淡淡月光的林间小路，它弯弯曲曲，时隐时现。荒草拦截它，丛树阻挡它，黑夜遮掩它。但它是那样缠绵，那样执着，一直通向你的心海。

在烈日的烤炙下，你的友情是一片绿荫，是一朵滋润的云；在焦渴的煎熬中，你的微笑是一杯凉茶，是一股清澈的泉。

看到你被友爱的欢乐点亮的眸子，像扑闪、飞扬的火星，我的心便不再孤寂。

我是一片春雨，洒在你心灵的花苞上。

没有你，我的心中便没有青枝，没有绿叶，也没有花蕊的馨香。

你使我在幻想的夜，看到初露的晨曦；你使启明星的眼睛失去了神秘；你是我生命中的第一缕阳光，流动于我发热的心底。

你是一缕金色的阳光，柔和地唤起我青春的火焰。

我心的船儿，正驶入你心的大海。请别怪船载过重，因为，它装着厚重的友情。

我的心掉进你的海里，溅起一片银色的月光，我的心在月里水里荡漾。

船儿怕遇见风暴，船儿怕浪涛澎湃，可是我多想你真情的潮水，把我的船儿掀翻了沉入你的心底，躺进你的胸怀。

你的青春是一枝潇洒的红荷，唱着一支鲜嫩鲜嫩的恋歌。我的深湖般的友情便爬满了你绿叶的脉络。

我真心喜欢你的质朴、自然、诚挚、机敏和温情，还有你那令人心醉、充满魅力的笑。

在我的心上，你是一篇飘逸恬静的散文，是一幅清雅素淡的图画。

不要说我没有回答！我的回答在田野上，那盼望春天的稚嫩草芽，便是我的向往；我的回答在高山旁，那涓涓的溪流，流淌的便是我的希望……

对于我，你的名字永远是最迷人的字眼。你可知道，当我喊着你名字的时候，我就沉浸在自己最深挚的情感中。

虽然深，却清澈见底。啊，我们的友情，恰似那丽日下千尺的清潭，纯净而深沉。

还没有言别，你已消失于远方的地平线。我站着，如同一株小树那样平静。其实，我的心早随你而去。不知你是否有感觉？

贝壳纵然千百次遭到海浪的袭击，它也不改变对海水的依恋。我就像那小小的贝壳，我的情感随时向你奉献。

我愿化作姹紫嫣红的花朵，编织你色彩斑斓的美梦。

天上一颗星，地上一个人。你窗前的那颗星，就是我的身影。你看见了吗？它夜夜伴你到天明。

不知道什么时候路边的杨柳绿了；不知道什么时候园里的牡丹花开了。是的，不知道从哪一天，不知道从哪一次约会起，我开始把你当成最好的朋友了……

为了友情的樱桃更加甜美，我愿献出感情的甘露。

我留在你的心上，一如你在我的心中；过去和现在，我们一直是两个彼此不能疏远的生命……

你纯洁的爱心，把我的青春装点得那样美丽；如果我能，我愿化为你血液中热烈的一滴！

我是你近旁的一株木棉，和你缠绕在一块。根，紧握在地下；叶，相触在云里。

心灵与心灵的撞击，点燃了迎春花枝头那劈劈啪啪的火花，我们携手走进春的世界。

你的明眸，给人以碧波荡漾的感受。我的心倒映于那一片醉人的湖色之中。

海浪连着海浪，心潮连着心潮。那海浪留下的珊瑚和贝壳，是属于大家的；你心潮留下的深情厚谊，却完全是属于我的。

不要问爱在何处，拨开层层迷雾，你进入我的视野。在你深沉的两眼里，我看到了你心中的友谊之歌。

被你蕴含的灵气所诱，我禁不住心荡神怡。友情啊，请在我心中长久长久地停留！

我喜欢默默地被你注视着，也默默地注视着你；我渴望深深地被你关注着，也深深地关注着你。

我是一块燧石，有了你的友情，我的生命才迸出耀眼的火花。

无需千言万语，无需海誓山盟；只要记住——两颗心撞击出火花的那一瞬间！

思念，是难以时光的推移来做验证。是的，时光推移一分，我对你的思念增长一寸。

自从认识了你，我的回忆，一次比一次甜蜜，我的爱，一次比一次浓烈。

我的心是一架传真机，它时时刻刻向你传递，传递真、传递美、传递爱的信息。

犹如两颗相遇的流星，撞击出光和热；光和热中你我心灵融为一体，你中有我，我中有你。相处又如两颗恒星，明明亮亮，双双悬在生活的夜空。

你清风似的常在我左右，你热血似的永在我心中。

友情是那么的微妙，来临时不容拒绝——我实在难抑胸中的感情，多么想向你痛痛快快地倾吐。

不相见，并不等于分离；不通音讯，也并不等于忘记。请相信，你的身影，已经揉进我的心间。

不对你诉说我的不幸，也不敢向你要求爱情，只愿迎着温柔的目光，和你默默地相对不言。

如果是一条船，就应该勇敢地驶向波涛汹涌的大海；到生活的激流里去采摘一朵朵浪花。就像从深水里寻捞闪光的宝物，从而让你的人生更加丰满。

你的话已经锁在我的记忆里了……那钥匙你就替我保管一辈子吧。

人需要有生趣才能有生机。生趣是人们在生活中领略的快乐，生机是生活进步所需要的力量。你的生活充满生趣，你是一个快乐而又进步的人。

我赞美深山里的小溪：它越过断崖，穿过草丛，披着彩霞，载着星星，乐悠悠地哼着歌，流呀流呀……

没有一种服装比你的友情更合身，没有一种装饰比你的友情更迷人。

对你，我已经无条件投降了，你就签下友情合约吧！

酿的友情的酒，如果没有续杯，情愿渴一辈子。

未来是缤纷，是暗淡，全看你愿不愿意插上一笔了。

青春年华，灿若朝霞。蕾绽果结，如花似画。

长久的友谊，就像保存得很久的酒一样，更应该甜美。

如果错过了太阳时你流了泪，那么你也要错过月亮了。

爱情的姊妹是痛苦，幸福的兄弟是辛苦，一切获得的同时是牺牲，人生绝不是悠闲的散步。

尽管时时有沉渣泛起，但是滔滔的江河总是朝着既定的方向奔流。

平静的湖面，练不出精悍的水手；安逸的环境，选不出时代的伟人。愿你投身于时代的激流，做一个勇敢的弄潮儿！

你是那高山流水诗千首，桃花潭畔踏歌声，空谷幽兰香自远，万紫千红百花魂。

最牢固的友谊是在共同患难中结成的，这正如生铁只有在烈火中才能炼成纯钢一样。

让我们用思索这把金钥匙，去打开疑窦的大门，闯进创造的殿堂。

只要心中有一片希望的田野，勤奋耕耘将迎来一片翠绿。

如果一个人没有远大的目标，就只能停留在思考阶段，不会有具体的行动，那么，他就没有成功。朋友，树立你的远大目标吧！

我是那深深的大海，你是那自海的另一边升起的曙光，永远照亮我的人生……

机会就像银燕，经常飞临我们的窗棂；机会就像钟声，时时回荡在我们的屋顶。只是需要我们用目光去捕捉，用耳朵去倾听。

你是友情，在我的生活里就像一盏明灯，照彻了我的心灵，使我的生命有了光彩。

美，美不过草原；阔，阔不过蓝天；深，深不过大海。我的朋友呀，你的胸怀，就像草原一样美丽，像蓝天一样宽阔，像大海一样深邃……

你像山崖边的青松，冰山上的雪莲，风雨中的雄鹰；你顽强、果敢，用生命的强音谱写了一曲青春之歌。

"人生得一知己者足矣，斯世当以同怀视之"。在我春风得意时，你并未"锦上添花"，却在我受苦受难时"雪中送炭"——你真是我情逾手足的忠实好友！

种瓜得瓜，种豆得豆。我们播种的是纯真的友谊，收获的将是珍贵的欢乐。

那充满挚情的絮语，仿佛树枝在发芽那么自然、清新，沁人心脾，启人遐思。

一切都不会像想象的那样完美，接受不完美你才有勇气面对现实。

不强求完美，你会少一些抱怨多几分洒脱，在豁达的心态中坦然地走你人生的路。

友情不是做买卖，失意了就要倾家荡产；友情也不是下赌注，输掉了就变成穷光蛋。友情是两颗心的碰撞和相许，如同和谐的乐谱的音符，谱写人间的圣洁。

碧蓝的天，碧蓝的海，中间嵌着一块绿洲。让我享有这份荣幸，与你结为知心。

青春，将以它的幻想和创造力，再一次塑造我们。

饱蘸诚挚的友谊，挥洒纯真的情感，写下欢乐的诗章，吐露无悔的青春。

大方而天真的姑娘，为何你总如此自然？当你轻甩长发，当你飞扬明眸，你可知，你牵动了多少人的情怀？

用那些彩贝去编织你的诗吧，用那簇星座，去谱写你的歌吧——生活，需要幻想的音符！

朋友之间的友谊，能增加快乐和减轻痛苦。而好友之间的友谊，能成倍增加我们的喜悦，也能更加减轻我们的忧愁。

早晨的阳光，照亮了我们追求的方向，让我们认准目标，展翅奋飞，为给未来增添一片美丽的华光而努力……

人以群分，物以类聚。朋友也是分类的，这好比图书也要分类一样。一架子图书，不能一股脑儿堆放在一起。不加分辨去找朋友，往往容易弄错。

让理想的奇妙火炬，点燃青春的熊熊火焰，发出灿烂夺目的光辉吧！

我是一阵风，吹动那洁白的帆篷，让破浪的舟楫，满载着憧憬，驶往明日的港湾。

愿你像大山般坚强、镇静，大海般开阔、热情，大河般奔放、活泼、永远前进。

我想将对你的感情，化为暖暖的阳光，期待那洒落的光明能温暖你的心房。我想将对你的思念，寄予散落的星，但愿那点点的星光能照进你的窗前，伴你好眠。

人生的幸福，是靠人们自己努力创造的，绝不是上帝赐予的，也不是听其自然所能得到的。我们一起来创造幸福生活吧！

东风，红旗，朝霞似锦；大道，青天，鲜花如云。在高高的天空，放出如虹意志；在广阔大地，散发着腾腾热气。这，就是我们这一代人的恢宏气势。

人与人之间的交往，不得已时才戴上假面具，这是人间最残酷、最可怜的情况。如果你能在某个人面前坦率地露出真相，那将是非常幸福的。

看，那希望的山冈，多么美丽，多么苍翠！让我们舒展生命的羽翼，抖动青春的翅膀，向那高高的山峰奋飞！

我们多么热爱生活！就像珍惜天边璀璨群星的光芒，迷恋园林艳丽百花的芬芳。

幸福是一个不断渴望的过程。从一个目标到下一个目标，中间都充满了渴望。我们之间，就有无数的目标，也有无限的幸福。

"此曲只应天上有，人间哪得几回闻？"你的歌儿，发自内心，声情兼美，动人心弦。

我们不会忘记那快乐的日子，但是更向往新的生活。世界多么广大，生活多么斑斓！为了明天的晨曦，让我们再一次唱起那支古老的苏格兰民歌——《过去的好时光》吧！

人人都拥有一份宝贵的财富，这就是——生命！希望你我都能有效地使用它。

我们的生活不能没有理想。那么，应该有什么样的理想呢？我希望你有健康的理想，有发自内心的理想，有与祖国、人民共同的理想。

无论哪个时代，青年的特点总是怀抱着各种各样的理想和幻想。这并不是什么毛病，而是一种宝贵的品德。

朋友，如果你想完成自己的事业，实现自己人生的追求，那么就要时时激励自己，只有这样，你才能登上人生辉煌的顶峰。

看，白雪还没有从偏僻的山崖消融，迎春花就已经开放在田野——愿我们永远做一朵美丽的迎春花，第一个给人们带来春的消息。

真诚是架在心河上的桥梁，体贴是吹拂在心河上的春风。我热切地期待着：站在桥头，沐着春风，接受爱神的祝福……

重要的美德
诚实篇

热诚宽厚，光明磊落，无私无畏，刚正不阿——一个不朽的灵魂，永远活在我们心中。

除了真诚的情谊之外，我一无所有，你能接纳吗？

大海有博大的胸怀，故能积涓涓细流而形成浩瀚之势。你虚怀若谷，又博采众长，定能拥有无穷的智慧。

你是莲蓬下的藕——从不炫耀自己，在你朴素的外表里面，是白玉一般洁白无瑕的心地……

做人首先要相信别人，相信别人的善良，恶人恶事毕竟是少数的。我们总不能因为几只乱飞的苍蝇，就要毁灭整个世界的飞虫。

愿你永远是这山间淌过的清泉，明洁、清新，一直奋勇地向前……

你平凡，但不平庸；你大胆，但不大意；你谦让，但不迁就；你勇敢，但不蛮横。你种种优良的品性，无一不是我的楷模。

你是折了双翅的大雁，仍然渴望着飞翔；你是埋在泥沙中的真金，闪烁着美的灵光。

你像那山间的白百合，盛开时不矜夸，衰谢时不悔恨。清雅留芳，归于永恒的春天。

唯有诚心地去爱人，以诚相待，方能被人接受，被人所爱。

海水是圣洁的，它的身上从不保存航行家的痕迹。友谊是坦诚的，它的身上容不得半点虚伪的痕迹。

你是真诚的，而真诚是人的无价之宝，它比任何财富都珍贵。

依旧是这闪闪的红星，依旧是这褪色的军装。雷锋诚实、简朴的精神没有褪色，雷锋的思想在你身上又闪闪发光。

在你水晶一般明晰的眸子里，人间的一切评判标准就像泾渭之水一样分明。

"时穷节乃见，——垂丹青"。十分赞佩你所持有的那种"生死穷达，不易其操"的高尚人品。

你总是感到自己肤浅，所以时时在走向深沉；你总是感到自己没什么可以夸耀，所以天天去追求。其实，是谦虚造就了你的成功！

岁月的大浪淘尽了泥沙，而把真诚留给了你我。这真诚胜过了美酒、黄金，它永远令人陶醉，永远熠熠闪光。

与人以实，虽疏必密；与人以虚，虽戚必疏。

诚实比一切智谋更好，而且它是智谋的基本条件。

诚实是力量的一种象征，它显示一个人的高度自重和内心的安全感、尊严感。

始终不渝地忠实于自己和别人，就能具备最伟大才华和最高贵品质。

诚实的人必须对自己守信，他的最大靠山就是真实。

我不想卖弄任何东西，只想真实地表现自我，表现我的本来面目。

虚伪者交往于口，客套者交往于手，真诚者交往于心。

太阳，予我不俗的热情，我拥有永不衰竭的活力；月亮，予我圣洁的光辉，我经受了庄严的灵魂洗礼。

虚荣促使我们装扮成不属于我们本来的面目，以赢得别人的赞许，虚伪却使我们把自己的罪恶用美德的外衣掩盖起来，企图避免别人的责难。

人要有信用。信人也要信己。人人有信才能够使自己和他人的独立自尊得以实现。

有谦和、愉快、诚恳的态度，同时又有忍耐精神的人，是非常幸运的。

甜言蜜语会使愚者得意忘形。

用真诚换取真诚：你用心说话，我以心来回应；朋友，用你的心来交往吧!

不论是宁静的湖泊，还是寂寞的港湾，我都相信人们拨响的永远是希望的琴弦。在人生的旅途上，有热情，就会有希望燃烧的火种；有努力，就会有希望闪烁的光焰。即使生命有一天真的会变成荒原，也应该用真诚去摇响风铃，在白雪飘飘的时节把希望寻觅。

当一个人能遇到一个在信念、勇敢、忠诚等方面都是始终不渝的朋友，他就会感到犹如鸟儿飞翔在晴空，鱼儿回到大海，永远不会感到孤独。

信任是开启心扉的钥匙，诚挚是架通心灵的桥梁。

我什么都不求，只愿像你一样聪明与机灵；我什么都不要，只愿像你一般纯洁与真诚。

人活得虚伪容易，活得真实难。更重要的是，活得虚伪累，活得真实轻松。

我觉得人生求乐的方法，莫过于诚实劳动。一切乐趣，都可由劳动得来，一切苦境，都可由劳动解脱。在人的生活中，最主要的是诚实劳动。没有劳动就不可能有正常的人的生活。劳动和科学是人类生活的基础，是创造人类幸福的基础。只有依靠诚实的劳动，人类才得以繁衍、生存。

心与心的呼唤，离不开真诚二字。你的真诚使我感动，愿我们都以真诚对真诚。

堂堂正正活
正直篇

我喜爱你那有如白杨树的个性：伟岸、坚挺、正直、质朴，同时也不缺乏温和。我以有你这样的良师益友而深感幸福和快乐。

你生就的一种娴雅的气质和诱人的魅力，使得你在认识你的人们的心里永久存在。像一朵美丽淡雅的小花，虽然生长在荒野、石间，在人迹稀少的冷漠之处，然而仍散发着幽幽的香味，给那儿带来春色的生机。你从不回避大山的沉重，你从不鄙视水潭的浅陋，你像岩石那样的坚定，你把风暴当做前进的动力，你是我学习和生活中真正的友人。

如果说，生命的历程是一条航线，它向何处延伸取决于罗盘，那么，最紧要的，便是认清罗盘上的指针。

你是我理想中的人，你的品德、才能、魄力，都堪称是一个大写的"人"。

从你的言辞中，可以听到美好心灵强烈的搏动，看到理想火花的熠熠闪耀。

你的演唱蕴藏着对美好生活的渴望，充满了催人奋进的力量，令人心潮澎湃，热泪盈眶！

自爱，使你端庄；自尊，使你高雅；自立，使你自由；自强，使你奋发；自信，使你坚定……这一切将使你在成功的道路上遥遥领先！

你如一艘勇敢的船，逆流而上，在汹涌的浪涛中始终把握着前进的航向。

要学习那浓荫下的小树苗，不论经受了多么大的暴风雨，依然向上，永不屈服，顽强地伸展出细小的枝叶。

十分赞赏你那有如镜子的个性：宁愿粉身碎骨，也不歪曲事实真相。

你是崖畔青松，有风雨就有怒号；你是深山流水，有不平就有歌吟。

你的正直、善良、纯朴和刚毅，在我心灵中迸出耀眼的火花。

你高兴时大笑，你悲痛时恸哭，我都喜欢，喜欢你像一块白玉，毫不掩饰，坦诚率直。

我爱那满山红叶，红叶像火，它正直无私。摘一片送给你，你就像红叶，火红的青春，美得鲜艳。

我钦佩那屹立在海边的岩石，它勇敢地迎接海浪的冲刷。朋友，你就是那岩石，几经生活浪潮的击打，始终如此坦然，如此挺拔！

创业者永不甘寂寞，暂时的曲折意味着更大的前进，历史终将肯定勇敢的先行者们。那时，人们会感叹：我们起飞的翅膀曾是多么的沉重。

依靠权势立业的人，永远站不直腰杆。弯腰是讨好上级，伸出是吓唬平民。倘若一天死了，其腰还是弯的，那是因为上下摆动的拖累，再无力支撑。

你耿直正派，坦荡真诚，心净如水，志洁如冰。从你身上，我看到了一颗高尚的心。

愿你始终保持真诚、坦荡、正直的品格，因为一旦磨掉了身上的尖刺，仙人掌便不能更多地赢得人们的赞赏。

我相信你的个性和胆识，望你勿因一时的困厄而退却。理想与现实本身相隔甚远，它需要勤奋刻苦作为航船，为了早达理想之彼岸，让我们勇敢地扬起风帆！

船在水上，会不停地遇到风浪；人在世上，会不断地遇到困难。风浪考验艄公的胆量，困难检验人的坚强。让我们一起笑迎困难，驾驭风浪！

跨出学校的大门，人生开始新的里程，愿你用生命的火花，去照亮通往未来的征程。

在逆水里航行，流水会嘲笑船儿踟蹰不前甚至后退，但青天和大地却赞扬它在顽强搏击。人们从其中可以学到一往无前的品格。

不要为了自己往上爬，而把忠心耿耿的人当做垫脚石。

人要尊重自己，就必须抱有一种信念：公平对待他的同胞。除非我比过去更能体谅愚昧的人，更能谨慎对待苦难的人，否则，我将责骂我自己是个大大不公的人。

金若有一分铜铁之杂，则不精；德若有一毫人伪之杂，则不纯矣。

最能使人身心康健的良药，就是朋友的忠言规劝。

把别人对自己的帮助永远记在心头，将自己对别人的帮助从记忆中抹去；只有这样才能乐于奉献，快乐生活。

正直的人，待人以真心，却从不考虑自己今后的遭遇。虚伪的人，用百分之一吹捧别人，留百分之九十九来标榜自己。折衷的人，不敢得罪错误，却得罪了永远交不上朋友的危险。

经常使你笑的人——不一定是你的朋友；经常使你生气的人——不

一定是你的敌人。

人要随时随地利用所有的方法，使用各种手段，在有生之年，尽力为善。

人并非为获取而给予；给予本身即是无与伦比的欢乐。

任何一种不为集体利益打算的行为，都是不良行为，它对社会有害，我们必须坚决反对。

充满着欢乐与斗争精神的人们，永远带着欢乐，欢迎雷霆与阳光。

平生正直无私曲，问什么老天饶不饶。干正当事，做正直人，从来不必担心，从来也不愧疚。

做人要谦虚
谦逊篇

有人觉得自己很伟人，其实他距离伟人很远很远；而你感到自己渺小，于是从细小做起，终于，涓涓细流汇成了浩瀚的海洋。这就是谦逊的结果。

你不像翡翠那样富丽，却似珍珠般晶莹。你不愿被串成装饰用的项链，却甘愿成为粉末，去强健人们的肌体。

谨慎比其余任何智能都使用得更频繁。日常生活中的草率事件使它发挥作用，对微小的事件产生影响。

月亮无语，却反射着光辉；高山无语，却体现着巍峨；蓝天无语，却表露出深远。朋友，你勤于做而寡于言，这正显示着你的不凡、你的广博、你独具的品格、你特有的风度。

有如藏于土中甜美的根，你所有崇高的美德，均由这谦逊之根发芽滋长。

天下最悲哀的人莫过于本身没有足以炫耀的优点，却又将其自卑感，以令人生厌的自大、自夸来掩饰。

炫耀于外表的才干虽然令人赞美和羡慕，但深藏未露的才干则更能带来幸运。

我愿把浅薄向你暴露，我希望你了解我的弱点；草木需要阳光，禾苗渴望雨露，真诚的朋友，我盼望你的指点。

一个懂得生活的人，能够领悟到花的娇艳；懂得友爱的人，能够领悟到他人心中的芳香；懂得谦逊的人，能够领悟到知识的甘甜。

总是把自己当成珍珠，就时时有被埋没的危险。让我们把自己当成泥土吧，让众人在我们身上走出一条幸福的路。

幸运和厄运，都有令人难忘之处。不管我们得到了什么，都不必张狂和沉沦。

默默地等待春天，悄悄地积蓄力量。啊，希望的种子，待风雨过后，它就会发芽。

只靠豪言壮语是实现不了美好愿望的，要迎接那个成功日子的到来，就必须扎扎实实地学习和工作。这样，绚丽的希望之花也许明天就会盛开。

种子发芽是不声不响的，勇士攀登也不会大喊大叫的，因为他们懂得：需要的是积蓄自己的力量。

官职越高，约束越大；权力越多，职责越重；个性越强，意志越薄；知识越多，人越谦逊。

时人莫小池中水，浅处无妨有卧龙。

只有广泛地得到教益，自己才能兼收并蓄、融会贯通，然后才能独树一帜。这样做的前提是谦逊。

"他山之石，可以攻玉"。取人之长，可以补己之短。

低估自己的人，也会被人低估。

量宽才伟大
坚忍篇

你盼望彩虹，就应该容忍风雨。

愿你将最初的叹息、最后的悲伤，一齐投入生命的熔炉，铸成金色的希望。

谁都难断言：前方等待我们的是成功，还是失败。也不必去管它，我们只需昂首向前就好。

人生的尽头，是乐园还是苦海？只为了不给自己留下遗憾和悔恨，只为了将生活更多地弄个明白，让我们鼓起信心，尝试未来。

人人都会遭受挫折，你的可贵就在于挫折后的奋起！

朋友，你是一只真正的鹰，在与暴风雨的搏击中接受洗礼！

你不沉缅于过去，也不轻易忘掉过去，你着力现在，又注目未来。你真是个有为的人！

你虽然有一条病残的腿，但在生活的道路上，你却走得又快又美！

大海从不拒绝走过弯路的小溪，但"走过弯路的小溪"却不愿投入大海的怀抱，最终的结局必将是干涸——愿你三思，盼你警悟。

经历了人生的坎坷，请不必过分悲愁，因为在属于未来的太空里，我们会找到自己的星群。

不如意的时候不要尽往悲伤里钻，想想有笑声的日子吧。

没有路的时候，我们踏出了一条路，有许多条路的时候，我们却迟疑了，该走哪一条更好呢？但就在我们犹豫不决的时候，时光已悄悄溜走。不要再迟疑了，选准一条，以一个个坚实的脚印，向成功的终点迈进、迈进！

也许，你曾失落昨夜梦境里一个美妙的结果；也许，你曾失落今晨朝露上一个七彩的憧憬；也许，你曾失落傍晚夕阳中一个斑斓的寄托……但是，只要你不曾失落你不懈的努力，不曾失落你不断完善的自我，青春、暖风就将鼓满你生命的帆。

没有窘迫的失败，就不会有自豪的成功；失败不可怕，只要能从失败中站起来！

一切都不会像想象的那样完美，接受不完美你才有勇气面对现实。不强求完美，你会少一些抱怨多几分洒脱，在豁达的心态中坦然地走你人生的路。

尽管你已失去了昨天，但万勿抱怨和泄气，万勿迷惘和犹豫。只要你抓住今天，便一定会有灿烂美好的明天！

不要为默默无闻而苦恼，参天大树的种子在泥土里时一样无人知晓。

"人生不如意事常八九"，挫折和失败，往往是成功的铺路石，望你莫消沉，重振奋，再探索！

厄运也是伟大的老师。你在成功中可能什么也学不到，但在失意痛苦和失败中却能获得无尽的知识。

是大山就有高度和坡度，是江河就有宽度和深度，是人就存在不足和错误。

困惑孕育着一个全新的选择。没有困惑便不会有反思，便不会有突破、超越。

生活不全都是甜的，你越长大就越会感到，生活里更多的是苦、辣、酸、涩……

要有一颗刚强的心，即使是痛苦，你也把它当做一杯有滋味的美酒，细细地品尝着它的香醇。

不要为什么事而心乱，不要为什么事而悲愁，只要你坚忍，前面就有安宁和欢乐。

要学那浓荫下的一株小苗，在经受了暴风雨之后，依然向着远处的阳光，顽强地伸展出细小的枝叶。

不能因为第一次飞翔遇到了乌云风暴，从此就怀疑有蓝天彩霞。

太阳的暂时西沉是为了孕育另一个更加辉煌无比的白昼！

我们不能改变昨天，也不能将明天提前；因此无论是我还是你，只能使每个人的今天过得尽可能充实、美丽。

同你心胸相比，一座高山只是一方界碑，一堆雪浪只是一块碎玉，一弯新月只是一个耳坠，万树鲜花只是一朵蓓蕾。你的心胸无比宽广……

适度的悲伤是对于死者应有的情分，过分的哀戚是摧残生命的仇敌。人死无法复生，愿生者忍痛节哀。

成功者身上多少会落到几滴诽谤的唾沫，但这是不会影响其光辉的。

愿你记住：对诽谤者最好的回答是无言的蔑视。

不要害怕嘲笑，如果把嘲笑当作发动机的燃料，那么嘲笑也就变成了欢笑。

烦恼是短暂的，快乐才是永远的。一个微笑，将瞬间改变一切。前方美好的未来在向我们招手。

哪怕是狂风暴雨，哪怕是惊涛骇浪，这也正是我所希冀的生活——宁可在酣战里显露我的胆怯，宁可在成长中暴露我的渺小。

踏上人生的旅途吧，前途很远，也很暗，然而不要怕。不怕的人面前才有路。

我们脚下的路，虽然小而曲折，但是它通向社会，是宽阔而平坦的大道的起点。所以，莫犹豫，莫徘徊，让我们松松爽爽地向前走吧！

知天下者不怨天，知己者不怨人。

气贵平和，情贵淡泊。

博学亦多才
才学篇

在寻求真理的长征中，唯有学习，不断地学习，勤奋地学习，有创造地学习，才能越过重山，跨过峻岭。

你用才智和学识取得今天的收获，又以明智和果敢接受明天的挑战。朋友，我敬佩你的一往无前。

零，只有和实数在一起才有意义；思想，只有和行动在一起才能发出光辉。

比起生活在一个依靠现在的智力就能理解一切的地方来，我宁愿生活在充满新奇的神秘世界。那么，你呢？

十分羡慕你的生活原则：令工作成为一种娱乐，让娱乐变成一种工作。你真是世间最快乐的人。

博览群书，兼听众人；不分亲疏，无论尊卑。朋友，这就是你生活的信条，学习的哲学，成功的奥秘！

经年未见，仿佛觉得那浩瀚的海比以前更加蓝了一些；那青碧的天也比以前更加高远了一些。

对人来说，最大的欢乐、最大的幸福就是把自己的精神力量奉献给他人。

在你的脚跟里，有春天的种子、秋天的收获；在你的脚印里，有昨天的火焰、未来的峰巅。

我的赞颂、我的崇敬，不仅是因为您富有才华，更是由于您一生都在进行探索！

沉香，在焚烧时格外扑鼻。预祝你的才学在未来你从事的工作中放射出异彩。

正因为汇聚了千山万水，海才能掀起洪波巨澜；正因为积累起一点一滴，海水才永不枯竭。朋友，去汇集、去积累吧，愿你拥有知识的大海。

你不仅用眼睛看世界，而且用头脑想世界，于是世界就属于你。我赞美你——生活的主人。

选准了人生的方向再加上顽强的意志就会使人走向成功，而选错方向，意志越顽强，浪费的精力就越多，失败得越惨。

大自然曙光可以期待，希望之光也要耐心等待，不过不是袖手坐视，而是大步朝前。

路是人用脚走成的，为了多辟几条路，必须多向几个没有人的地方去走。

翻开这知识的书页，你可以感到，正如清晨起来，把一扇向阳的窗子打开，微风携来清新凉爽的空气，使你舒畅，使你沉醉……

在知识海洋的底层，与生活海洋的底层一样，是一片无比神奇的世界。愿你勇敢地潜到那儿去，去探求这神秘世界的无穷奥秘！

抱负，是高尚行为成长的萌芽；用毅力去浇洒，它就开花！

理想的琴，须拨动奋斗的弦，才能演奏出人生美妙动听的乐章。

我们是幸运的，逢上这好时光；我们有灵气，去把握时机，未来在我们身上。

人生是一场战斗。真正的幸福不在于目标最终是否达到，而在于为达到目标所进行的拼搏和奋斗。

愿你变成一粒奔跑的光子，在晨曦中拥抱金色的黎明；愿你变成一卡跳跃的热能，在燃烧中找到生命的价值。

你如果是一条船，就勇敢地驶向江心的波涛，到生活的激流里采摘一朵朵浪花。就像从深水里寻捞闪光的宝物，让你的人生更加丰满。

在金钱和知识面前，如果只能选择一样，我坚信你会毫不犹豫地选择后者。是的，知识比金钱更可贵。

积财千万，无过读书。积累，积累，再积累，雪山终将孕出一条浩浩大江。

具有孩童般的好奇心，就会不断发现生活中的奥妙之处，就能发挥潜能，就能不断学习和进步。

对于一个有才学的人来说，没有一个地方是荒凉和偏僻的。在任何逆境中，有才学的人都能够充实和丰富自己，不断地改变周围的世界。

一个人努力的目标越高，他的才能发展得越快，对社会的奉献也就越多。

攀登科学高峰，也像登山队员攀登珠穆朗玛峰一样，要克服无数艰难险阻，才能登上顶峰。懦夫和懒汉是无法享受那无限风光在险峰的乐趣的。

在风雨中，走在泥泞的路上，我会想起探索者的路，想起您曾在冷嘲热讽中的风风雨雨和满地世俗的泥泞中迈动坚定的脚步。于是，我赞美。风雨中的路，泥泞的路——勇敢者的路。

聪明智慧花
智慧篇

人生各有所爱。有人爱金钱，有人爱名声，你却爱智慧。在智慧花朵的面前，名利都将黯然失色！

进溅青春的智慧和激情，以坚贞不屈的意志和灿烂夺目的创造，报效祖国。

你是一只聪明、勤勉的小蜜蜂，嗡嗡、嗡嗡……不息地绕着百花，博采众长，辛勤地酿着甜蜜。

你，幽静细致，一派斯文，温柔中显露刚强，平稳中突出智慧。

跟着感觉走，想做什么就做什么是人类向低等动物的退化。而用理性指导感情，该做什么就做什么，才能避害趋利，干出一番事业来。

知识是升天的羽翼，是恐惧的解毒药，人的自主权深藏于知识之中。让我们争分夺秒、好学不倦，努力使自己成为一个学识渊博、眼光远大的人。

思索，多少次使人感到痛苦，却不知多少次给予人们欣喜和欢乐。让我们在思索中去生发智慧，获得快乐。

机会就像银燕，经常飞临我们的窗棂；机会就像钟声，时时回荡在我们的屋顶。只是需要我们用目光去捕捉，用耳朵去倾听。

人的天赋就像火花，它既可以熄灭，也可以燃烧起来。点燃它吧，让它燃烧成熊熊的大火。

如果你想得到甜蜜，就将自己变成工蜂，到花蕊中去采撷；如果你想变得聪慧，就将自己变成一尾鱼，遨游于书的海洋。

让时间在知识的枝条上、智慧的绿叶上、成熟的果实上留下它勤奋的印痕！

你惊人的智慧，开创了美的世界；你果断的胆识，消融了人们对事业的迷惘。

幻想吧！与智慧结合的幻想，是艺术之母和奇迹之源。

智慧和命运交锋时，如果智慧有敢作敢为的胆识，命运就没有机会动摇它。

智慧是人类的洞察力，是品格，是许多事情的合成体。

把你的智慧和体力卖给出价最高的人，但永远不要给自己的灵魂和人格出价。

一个人找不到自己的远方是可怕的。有了远方也就有了人生追求的高度，而一旦有了追求，远方也就不再遥远。

有时，对于一筹莫展的事，你需要的只是一点点的小聪明而已；有时，对于令人绝望的事，你需要的只是一点点的理智而已。

人生，只需顺其自然——花开的时候尽管美丽；没有花开的时候，就默默孕育。不急不躁，不恼不怒。多好。

人在智慧上应当是明豁的，道德上应该是清白的，身体上应该是清洁的。

我们不能把自己的作品全归功于我们自己的智慧，还应归功于我们以外向我们提供素材的成千上万的事情和人物。

人生犹如一本书，愚蠢者草草翻过，聪明人细细阅读。为何如此？因为他们只能读一次。

卓绝之本领
能力篇

窗外的风钻，在突突突地向纵深处开掘，仿佛在赞美你的执着追求、锐意进取。

你的生活是跳跃的河流，匆匆又匆匆；你的生命是水上的白帆，追浪又追风。

"三军可夺帅也，匹夫不可夺志也"。你壮志在胸，理想在怀，纵然波浪滔天，也摧折不了你远航的樯帆！

把语言化为行动，比把行动化为语言困难得多。而你是先行动后语言，这是最难的呀！

从你身上，我感受到力的庄重，闻到创业者身上泥土的气息，看到了人生惊人的创造力。

你是我身边的一片光明，和你在一起，我每天收获着热情的火焰！

人的天职在勇于探索真理，为真理而斗争是人生最大的乐趣。

人的潜在能力无穷无尽，但必须用远大的奋斗目标去开发，目标越远大，潜能开发的越多。目标越小，潜能就得不到开发，甚至退化。

人才脱颖而出和小鸡破壳而出有着同样的道理，小鸡只有啄壳才能破壳而出，不致被憋死在里边。而人才也要像小鸡一样啄壳才能脱颖而出不至于被埋没。

把黄昏当成黎明，时间会源源而来；把成功当成起步，成绩就会不断涌现。

像时尚一样，容易落后的不是你的衣服，而是你的思想观念和能力。

当无事时，应像有事时那样谨慎；当有事时，应像无事时那样镇静。

一条锁链，最脆弱的一环决定其强度；一只木桶，最短的一片决定其容量；一个人，素质最差的一面决定其发展。

生活有时就是这样：一生只为一瞬，一瞬决定一生。

耐心是一切聪明才智的基础。

抓住今天吧！紧紧地把它抓住吧！今天的分分秒秒，我们都要有所作为，有所进步，有所登攀！

昨天，已经是历史；明天，还是个未知数；把昨天和明天连接在一起的是今天。同学们，让我们紧紧地把今天攥在手心里！

友好的表达
礼貌篇

尊重别人，也就是尊重自己。

险峻是美，迤逦也是美。广博是美，高危也美。在我们集体中各人也有各人的美，让我们在美的比较中，看到别人的特点。

人如果能够做到自爱、自尊、自立、自强，那么就能够使你得到高雅、坚定、自由、端庄；这一切将使你在成功的道路上遥遥领先。

一个懂得生活的人，能领悟到花的娇艳；懂得友爱的人，能领悟到他人心中的芬芳——我指的就是你呀，我的友人！

一个人，最可悲的是自私，最可笑的是狂妄，最可怜的是无知，最可敬的是拼搏；你摒弃了自私，你白眼对狂妄，你和无知无缘，你努力向上拼搏。你讲究礼貌，真是可敬的人！

从你的言辞中，可以听到正直心灵强烈的搏动，看到理想火花的熠熠闪耀。

学会尊重他人，就是尊重自己；学会欣赏他人，就是欣赏自己；学会呵护他人，才是呵护自己；学会疼爱他人，就是疼爱自己。

笑是美的姐妹，艺术家的娇儿；笑是治病的良方，健康的朋友。在您休养的时候，让我送上一个甜甜的笑。

正派的风度，是心灵教养的闪光，是人体美的极致——愿你保持现有风度，使美在身上永驻。

得意时应善待他人，因为你失意时会需要他们。

当你昂首挺胸疾走的时候，亲爱的朋友，请留神那脚下的石坎或断沟。

礼貌、温柔，才能表现出青春的魅力；热情、关切，才会赢得众多的朋友。你具备如此美好的品性，真让人羡慕！

人与人，贵在彼此理解。那么，让我们将心去比心，以心去换心。

你那青春如太阳般炽热，即使遇到霜雪，也能将其融化为甘泉，去滋润大地、灌溉田园。

礼貌和美貌是分不开的伴侣。

所谓以礼待人，即用你喜欢别人对待你的方式对待别人。

尊重自己，尊重他人，用礼貌这付黏合剂把心与心连在一起，结成牢不可破的友谊。

使人成为君子的并不是讲究的衣着，而是礼貌的行为。

生辰有时日
生日篇

● 朋友生日

青春的树越长越葱茏，生命的花愈开愈艳丽。在你生日的这一天，请接受我对你的深深的祝福。

第一行歪斜的脚印，已被岁月的风尘抹平；而生活的道路呀，还在你的脚下延伸。在这十四岁生日之际，我祝愿你：大步迈上新的征程，并留下一串串闪光的脚印！

女孩——花；花——女孩。也许，你便是那如诗如梦的花仙子。在你步入生命的第十四个年头时，我祝你愈加秀丽，日臻成熟！

十五岁，萌生希望的年华。希望将带着你一起飞翔，飞翔在那无际的蓝天。

十八岁，令人目眩神迷的年龄，它是热烈的、欢乐的、引人深思的，它跨在人生过去与未来的交叉点上……祝你愉快地度过十八岁生日！

十八岁，令人羡慕的年岁。你跨进青春的门槛，走进青年的行列。在你十八岁的生日来临之际，愿你珍惜年华，努力向上，大有作为。

让它欢乐，让它甜蜜，让它闪耀光华，让它灿烂开花——祝你十八岁生日快乐！

十八岁了，我们告别了幼稚，但求天真不要随之而去；让纯真的童心与青春结伴同行——愿你我以此共勉。

愿十八岁的青春年华，如一幅重彩的油画，珍藏在我们心灵最圣洁的地方，不被岁月的风雨侵蚀。

我们共同期待着新年的钟声，期待着十八岁的浪漫：我们都拥有诗一样的日子，诗一样的年华。愿我们永远年轻，永远浪漫。

第一缕稚嫩的童音，已溶入小松树的年轮；在你生命的枝干上，悄悄地，竟长出了青春的绿荫。在告别少年时代之际，在这青春起步的时辰，我愿你：将这鲜红鲜红的红领巾，永远珍藏在心的深处！

红色，是活活泼泼的生命；红色，是蓬蓬勃勃的青春。做一页红色的书签送给你，作为生日礼物，希望和祝福都在红色之中。

长了一岁，虽然在无涯的人生旅途上，这前进，只是微小的一步；但用自己的劳苦向前迈进了一程，这便是幸福！

生日快乐！让我为你祝福，让我为你欢笑，因为在你生日的今天，我的内心也跟你一样地欢腾、快乐！祝你，生日快乐！

健康和快乐是人生最重要的两件东西，生日快乐！

用蓝色的深沉还是淡红的温馨，用绿色的欢悦还是白色的清丽，才能画出你十八岁的青春？

在你生日来临之日，请让我向你说声："宝贝，祝福你生日快乐！心想更事成！天天好心情！"

我们同一年出生，同一片蓝天下成长。在你生日的前夕，我祝你进步！祝你早日找到好朋友！

又是一年春草绿，又是一年杏花红。又是你的生日，又是我们共同的节日！

小弟弟六岁了，祝贺你生日快乐！眼看到了上学的时候，哥哥愿你听老师话，当个好学生！

青春、阳光、欢笑，为这属于你的日子，舞出欢乐的节拍。祝你生日快乐！

我虽然不能陪你度过今天这个特别的日子，但在遥远的这边，我一样祝福你生日快乐！

愿你的生日充满无穷的快乐，愿你今天的生活温馨，愿你今天的梦乡甜美，愿你这一年称心如意！

只有懂得生活的人，才能领略鲜花的娇艳；只有懂得爱的人，才能领略到心中芬芳。祝您有一个特别的生日！

祝你生日快乐，你的善良使这个世界变得更加美好，愿这完全属于你的一天带给你快乐，愿未来的日子锦上添花！

你的生日是对生命的歌颂，祝健康快乐，学业进步。

时光飞逝，今天又是你的生日，愿今天你拥有一切美丽，来年生日更美好，一年更胜一年。生日快乐！

一支蜡烛，一个心愿，一份真情，祝你生日快乐！送上我诚挚的生日祝福，祝你在未来的一年里，心想事成！

我的挚友，祝生日快乐，新的一年中好运、健康、快乐！

寿星佬，我祝你所有的希望都能成真，所有的梦想都能实现，所有的等候都能出现，所有的付出都能兑现。

因为你的降临，这一天成了一个美丽的日子，从此世界便多了一抹诱人的色彩。祝你生日快乐！

儿时的天真，少时的浪漫，花的季节却无缘日日相伴，但我永远忘不了你这特别的日子："祝你生日快乐！"

很久没见，但早前预设的报时告诉我，你今天生日，在此向你讲声：祝你生日快乐！青春美丽！

日光给你镀上成熟，月华增添你的妩媚，生日来临之际，愿朋友的祝福汇成你快乐的源泉……

荧荧的背景灯照耀你的脸颊，虽然微弱，却可以延伸很远，看完这条消息，许个心愿，让满天的星都为你祝福！

长长的距离，长长的线，长长的时间抹不断，今天是你的生日，远方的我一直在惦念着你，祝你生日快乐！

为了你每天在我生活中的意义，为了你带给我的快乐幸福，为了我们彼此的友情和美好的回忆，为了我对你的不改的心意，祝你度过世界上最美好的生日！

祝一位美丽迷人、聪明大方、成熟端庄，又备受赞叹的妙人儿，生日快乐。

我对你的思念与日俱增，你是我在这个世界上最惦念的人，祝你生日快乐，天天快乐！

时光永远不会改变我对你深沉的思念，时间的流逝只会使它愈加深厚，祝你生日快乐！

祝福我的好朋友生日快乐，你总是那么妩媚动人，那么美丽多姿！

今天是你的生日，当你打开手机的第一瞬间，是我送给你今天的第一个祝福：生日快乐！心想事成！

我没有五彩的鲜花，没有浪漫的诗句，没有贵重的礼物，没有意外的惊喜，只有轻轻的祝福，祝你生日快乐！

愿你的容颜像春天般绚烂，衷心祝福你——美丽的女孩，生日快乐！

关上心门，浮现你幽默的话语，率真的性情。你是涓涓细流，滋润着我们的心田……生日快乐……

这一刻，有我最深的思念，让云捎去满心的祝福，点缀你甜蜜的梦，愿你度过一个温馨浪漫的生日！

●长辈生日

新开甲子花，光耀长庚星。举杯祝长寿，德才人人称。为图强国计，辛勤沐耕耘。奋斗四十年，霜雪染双鬓。功高众人颂，遐迩有笑声。更觉性宽和，老幼仰清分。待我情谊厚，常感恩泽深。愿进万年觞，寿翁南极星。

母亲的养育之恩，儿没齿难忘。值此母亲寿辰，敬祝您健康如意，福乐绵绵。

在您生日的时候，我愿献上最真诚的祝福。愿我的祝福像一首诗，像一首歌，给您一份安慰，给您一份喜悦。

对于我们来说，最大的幸福莫过于理解自己的父母，我得到了这种幸福，并从未失去过，所以在您的生日，我要对您说声：谢谢！

安逸静谧的晚年，一种休息，一种愉悦，一种至高的享受！祝您福如东海长流水，寿比南山不老松！

满脸皱纹，双手粗茧，岁月记载着您的辛劳，人们想念着您的善良；在这个特殊的日子里，祝您福同海阔、寿比南山，愿健康与快乐永远伴随着您！

爱你，谢谢你，还要声声不断祝福你，因为母亲能做到的一切你都做到了。祝你生日快乐！

你的生日让我想起你对我的体贴，还有你为我所做的一切。我只希望你所给予我的幸福，我将同样回报给你。祝福你事事顺心，幸福无边！

你用母爱哺育了我的魂魄和躯体，你的乳汁是我思维的源泉，你的眼里系着我生命的希冀。我的母亲，我不知如何报答你，祝你生日快乐！

当我忧伤时，当我沮丧时，我亲爱的父亲总在关注着我。你的建议和鼓励使我渡过难关，爸爸，谢谢你的帮助和理解。愿你的生日特别快乐！

亲爱的母亲，你是我至上的阳光，我将永远铭记你的养育之恩——值此母亲寿辰，敬祝你健康如意，福乐绵绵！

火总有熄灭的时候，人总有垂暮之年，满头华发是母亲操劳的见证，微弯的脊背是母亲辛苦的身影……祝福年年有，祝福年年深！

你用优美的年轮，编成一册散发油墨清香的日历；年年，我都会在日历的这一天上，用深情的想念，祝福你的生日。

献上天天都属于你的赤诚和爱心，寄上声声都祝福你的亲情，亲爱的妈妈，祝你生日快乐，永远快乐！

你的生命如舟，在人生的浪尖深谷中起落。生日时，我衷心祝愿你，平安地驶向更广阔的海域！

母亲的爱是火热的，父亲的爱是深沉的，只有拥有这全部的爱，才是真正的幸福，祝你们生日快乐！

衷心祝愿父亲似松柏一样健康长寿，这是儿子在您五十岁生日时的祝福。

爸爸，今天是您的五十岁生日。虽然我们爷俩远隔千山万水，但我们的血脉是连通的。我向着月亮发出对您的祝福：祝您健康、快乐！您看到了月亮，就看到了我的笑脸；您听见了风声，就听见了我的祝福。

妈妈，您来到世上五十个春秋，经历了那么多风风雨雨。在您生日的时候，我祝愿您以后的生活充满阳光！

踏遍青山人未老，风景这边独好。白首壮心驯大海，青春浩气走千山。

曾祖遐龄千载建，幼孙将状百年长。

君颂南山是说南山春不老，我倾北海希如北海量尤深。

喜庆乐无边
节日篇

●新年春节

花儿散播芬芳，友谊传递温暖，让我们在洋溢希望的新的一年里，从不同的起跑点，胜利地抵达下一个新的起跑点。

轻轻一声问安，让贺卡将我心中的祝福化成阳光般的温暖，永恒地留在您的心灵中。

世间最可宝贵的就是今天，最易丧失的也是今天；愿你在未来的一年中，无限珍惜这每一个今天。

在这美丽温馨的世界里，让我们一起聆听大地的祝福，共同伸臂欢迎这洋溢着希望的一年。

不需要多么贵重的礼物，也不需要多么郑重的誓言，我只需要你一个甜甜的微笑，作为我今年最珍贵的新春礼物。

值此春回大地、万象更新之良辰，敬祝您福、禄、寿三星高照，如意吉祥！

愿你一年365天天天开心，8 760小时时时快乐，5 256 000分分分精彩，31 536 000秒秒秒幸福！

新的1年就开始了，愿好事接2连3，心情4春天阳光，生活5颜6色7彩缤纷，偶尔8点小财，一切烦恼抛到9宵云外，请接受我10全10美的祝福！

过去的一年我们在一起学习、生活，非常愉快，谢谢你的关照。新的一年，新的开始；新的祝福，新的起点。祝你全家欢乐，心想事成！

新年到了，想想没什么送给你的，又不打算给你太多，只有给你五千万：千万要快乐！千万要健康！千万要平安！千万要知足！千万不要忘记我！

祝愿：一元复始，万象更新；年年如意，岁岁平安；财源广进，富贵吉祥；幸福安康，吉庆有余；竹报平安，福气满门。

我把新年的祝福和希望，悄悄地放在将融的雪被下，让它们，沿着春天的秧苗生长，送给你满年的丰硕与芬芳！

很荣幸过去的一年里能在您的教导下学习，祝您在新的一年里健康如意，马到成功！

收集我心中的每一份祝福，每一种愿望，描绘我心中的每一道细节，每一个企盼，寄予你深切的关怀。祝你新春快乐。

在这儿给你拜年了！希望新的一年里，父母顺着你，钞票贴着你，学校由着你，考试随便你。

祝新年快乐，前程似锦，吉星高照，财运亨通，合家欢乐，飞黄腾达，福如东海，寿比南山！

酒越久越醇，朋友相交越久越真；水越流越清，世间沧桑越流越淡。祝新年快乐，时时好心情！

新年到了，衷心祝福你。祝你年年圆满如意，月月事事顺心，日日喜悦无忧，时时高兴欢喜，刻刻充满朝气！

痛苦最好是别人的，快乐才是自己的；麻烦将是暂时的，亲情总是永恒的；友情是用心经营的，世界上没有什么大不了的。新年快乐！

如果我有一棵快乐草，我想将它给你，我希望你快乐；如果我有两棵，我会给你一棵我一棵，希望我们都快乐；如果有三棵，我会给你两棵，希望你比我快乐！

新年的第一天，我在默默地为你祝福，愿你的生活中：夏宜人，冬温暖，秋收获，春满园。

新年只有一天，我们的友谊永存，敞开你的心扉，让我诚挚的友情，填满你美丽的心怀，祝你新年快乐。

几度回首，一阵阵无声的祝福自心底发出，亲爱的朋友，祝你新年快乐，事事如意！

在这美丽温馨的世界里，聆听大地的祝福，在这洋溢希望的一年，祝愿你生活快乐，学习进步。

我把欢乐系在新年的丝带上，奉送给你，而把对你的思念挂在项链上，贴在心窝里。

新年将至，献上一份祝福。期盼：每一天，幸福之神都陪伴着你；每一刻，快乐之神都保佑着你。

匆匆一别，虽知难相见，热切的期盼，久久的思念，融入衷心的祝愿。祝我的朋友在新的一年里，健康如意。

生命是一场永无追悔的爱恋，年年岁岁。一束温馨的窗灯，一阵热烈的爆竹，一声由远而近的隆隆的春雷，唤醒了岁月的风尘，新年到了！

多一份欢欣就多一份快乐，多一份如意。愿节日的欢乐，新年的快乐，永远伴随着你。

在这喜悦的日子里，轻轻的一声问候，不想惊扰你，只想真切知道你一切是否安好、快乐……

带着甜蜜的记忆，带着美好的憧憬，带着你的理想和希望上路。祝新年心想事成，梦想成真！

星空中点点闪烁的荧光，环绕着缤纷的绮丽梦想，祝福你今年许下的心愿，都能一一实现在你眼前，祝你佳节温馨喜悦！

春节赠你一棵愿望树，上面结满开心果，幸运梅，甜蜜瓜，富贵枣，温馨李，幸福桃，映红你一年通畅的运程！

●圣诞平安

送你一棵聚满礼物的圣诞树，顶上最大最亮的那颗星是我的真心，下面挂的是我的痴心，制造材料的是我一颗不变友情之心：圣诞快乐！

往年的圣诞都是听着同样音乐，吃着同样的东西；而今年的圣诞有了你的存在，就变得那么与众不同！

相识系于缘，相知系于诚，一个真正的朋友不论身在何处，总时时付出关爱，愿好友圣诞平安！

一天我擦亮阿拉丁的神灯，灯神说：我会满足你一个愿望。我说：请祝福正在看短信的人圣诞快乐！

在这愉快的节日里，好想和你在一起享受这醉人的气氛，然而你我分隔两地，我只好在这轻声对你说一句：亲爱的，圣诞快乐！

祝你圣诞快乐！是小诗，是小夜曲，是宁静中传出的柔和音符，为你带来健康和快乐，直到永远。

圣诞是这样美好的时光：炉火熊熊，花儿芬芳，醇酒飘香，殷殷祝福，美好回忆，恩爱日新。即便没有一切，只要有爱便足矣。

圣诞的祝福，平日的希冀，愿你心境祥和、充满爱意，愿你的世界全是美满，愿你一切称心如意，快乐无比。

不用火一样的激情，对你歌颂；也不用芳香的诗行，对你礼赞。只在这个平安夜，对你说——祝你平安！

许一个美好的心愿祝你圣诞快乐连连，送一份美妙的感觉祝你来年万事圆圆，送一份漂亮的礼物祝你永远微笑甜甜！

圣诞夜了！无数的星辰亮起，在天空写下你的名字，当雪花飘落时，就能将我的思念与祝福传送给你，愿你平安快乐！

平安夜，祝你平平安安；圣诞夜，愿你幸福快乐；狂欢夜，让我们一起狂欢！

都说流星有求必应，我愿意守在星空之下，等到一颗星星被我感动，划破长空，载着我的祝福落在你枕边，祝你永远幸福快乐。

●儿童节

童年原是一生最美妙的阶段，那时的孩子是一朵花，也是一颗果子，是一片朦朦胧胧的聪明，一种永不息的活动，一股强烈的欲望。

正当芍药盛开，燕子飞来；正当玫瑰含笑，樱桃熟了，这是一年中最好的时节！芍药不及你美，樱桃不及你红，小弟小妹，儿童节快乐！

●父亲节

爸爸，今天是父亲节，节日快乐哦。虽然，你有时很凶，但是我知道你是爱我的，是吗？在这里祝你快乐健康！

爸爸，在这特殊的日子里，所有的祝福都带着我们的爱，注入您的酒杯里，红红深深的，直到心底。父亲节快乐！

爸爸，献上我的谢意，为了这么多年来您对我付出的耐心和爱心。父亲节快乐！

只一句"父亲节快乐"当然算不了什么，但是在喜庆吉日里对您的祝福，包含多少温馨的情义都出自我的内心深处。愿您节日快乐，事事顺心！

年少的青春，未完的旅程，是你带着我勇敢地看人生；无悔的关怀，无怨的真爱，而我又能还给你几分，祝父亲永远快乐！

●母亲节

妈妈，我感谢您赐给了我生命，是您教会了我做人的道理，无论将来怎么样，我永远爱您！

外边风吹雨打磨炼着我，屋内和煦的阳光温暖着我，因为屋内有您，我爱您妈妈，永远永远！

希望能在这样的节日里对母亲说声：妈妈，你辛苦了，儿子在有生之年，会孝顺你老的，母亲节快乐！

有人说，世界上没有永恒的爱。我说不对！母亲的爱是永恒的，母爱是一颗不落的星。

并不是只有在母亲节这天才要"特别"去关心母亲，365天里，每一天都是母亲节。希望母亲能天天快乐，日日幸福！

虽然我们过着最平淡的生活，母爱却渗透在生活的一点一滴里。在母亲的节日里，祝福天下所有母亲幸福快乐！

看着母亲一丝一丝的白发，一条一条逐日渐深的皱纹，多年含辛茹苦哺育我成人的母亲，在这属于您的节日里请接受我对您最深切的祝愿：节日快乐，永远年轻！

得意的时候，母亲不一定能在我的身边和我一起分享成功的喜悦。但她那谆谆教诲总能让我不再迷失自己。失意的时候，母亲一定能在我的身边。她的鼓励及安慰，总能让我在逆境中找到自我。

让我们多给母亲一点爱与关怀，哪怕是酷暑中的一把扇子；寒冬中的一件毛衣，让母亲时刻感受儿女的关心。

亲情在这世间，总是让生活充溢着一份平平常常但却恒久的温暖，亲情是贯穿生命始终的。为此，我们祝福天底下每一位母亲——母亲节快乐！

●教师节

是谁给了我们文明语言？是谁教会了我们人生的哲学？是谁教会我们怎样做人？是您！辛勤的园丁！祝您节日快乐！

感谢恩师：有一道彩虹，不出现在雨后，也不出现在天空，它却常出现在我心中，敲击着我……认认真真地做事，清清白白地做人。

敬爱的老师——感念的季节，风吹过我的眼眸，雨落在心中，忍不住又忆起童年往事，悄悄问候您。

我尊敬的老师，我的成功是您给予的支持，千言万语只化为一声"谢谢"——您是我永远的老师，永远的朋友！

辛勤的汗水是您无私的奉献，桃李满天下是您最高的荣誉。祝您：节日快乐！幸福永远！

像天空一样高远的是您的胸怀，像大山一样深重的是您的恩情，请您接受我诚挚的祝福吧，教师节快乐！

时逢教师节，是向所有教师表达谢意的日子。这个职业值得受到特别的重视和尊重。此刻是向您及您的同行们致敬的最佳时机。我永远感激您。祝节日快乐！

让我这份美好的祝福通过电波，跨过重重高山，越过滔滔江水，掠过高楼大厦，飞到您的身边：祝您教师节快乐！

悦耳的铃声，妖艳的鲜花，都受时间的限制，只有我的祝福永恒，永远永远祝福您——给我智慧之泉的老师。

园丁的汗水在绿叶上闪光；教师的汗水，在心灵中结果。园丁的梦境，常常是花的芳香，树的浓荫；教师的梦境，常常是甜甜的笑脸，琅琅的书声。敬爱的老师，祝您节日快乐！

诗词歌赋，颂不完对您的崇敬；加减乘除，算不尽您的无私奉献。老师的恩德，怎么说也说不清，怎么估计也不会过高。唯有在您节日这天，轻轻地说声：节日快乐！

您的爱，太阳一般温暖，春风一般和煦，清泉一般甘甜。您的爱，比父爱更严峻，比母爱更细腻，比友爱更纯洁。老师的爱，天下最伟大、最高洁。

山高水又长
事业篇

创造，是你胸中有龙腾，有虎跃；创造，是你手中有雷鸣，有电闪！千百次的烈火，千百次的提炼；千百次的失败，千百次的奋起，才铸就了你生命的辉煌！即使是不成功的创造，留给世纪的也是财富，传给后人的也够风骚！创造是生命的沸点，是生命的张扬，是生命的永远！你创造了，也创造了你自己。

如果把我们的事业比作一首气势磅礴的交响曲，那么你就是其中一个最铿锵有力的音符。

你是一块砖，普通而又平凡，但我敬佩你的品质：架桥就架桥，铺路就铺路，造屋就造屋……不管做啥，说干就干！

火炬，光耀天庭，我赞扬；蜡烛，光照咫尺，我也称道。我的赞歌献给你，因为你有一分热，就发一分光。

胜利啊，从何而来？从汗水中孕育，从拼搏中闪现，从你那颗美丽心灵里迸发出来！

攀比名利只会增加人的烦恼，攀比事业定能增强人的意志和信心。

让我们手牵手，向着无边的生活之海，开始人生奇妙、艰难而又充满魅力的航程。

我们站在起伏跌宕的人生地平线上，寻找自己的生活坐标。

我们所从事的是前人从来没有从事的事业，我们的目的一定能够达到。

嫩绿的叶芽说：生长！生长！洁白的花朵说：开放！开放！深红的果实说：辉煌！辉煌！在人生的旅途中，望你写好这"欢乐三部曲"。

幸福，存在于高尚的精神生活之中，存在于有利于人类进步的事业之中，更存在于一个人自身的不断努力之中。

事业上得寸进尺，生活中不论短长，何愁事业无成。

豁出去的精神是事业成功的性格基础。

不论从事什么事业，都要打破现状，安于现状就是退步，自以为现状已经很好，就无法再突破；不求发展，明日就会失败，必须不断破坏现状，尔后才能创出新的天地。

你热爱生活，因为你热爱事业；你热爱生命，因为你的生命属于事业。

通向理想的路，是遥远的，但它的起点，就在人们普通的岗位上。愿我们从平凡的小事做起，以实现瑰丽的理想。

人活着，不仅是存在，而是真正按照自己的意志和理想生活。燃烧吧，有理想的人，有一分热，就发一分光。

像雄鹰搏击长空，像大江汹涌奔流。我们追求一个壮丽的人生，为华夏崛起而忘我奋斗！

青春的阳光，照亮了我们追求的方向，让我们认准目标，展翅奋飞，为给未来增添一片美丽的华光而努力……

愿我们做那不显眼的细小的石子，去铺设祖国千里万里的金光大道。

为他人、为集体、为社会做贡献，是高尚的生活，纯洁的生活，也是最美的生活。

路上有砾石泥块，我们去清理；路上有杂草丛棘，我们去清除；路上有坑坑洼洼，我们去填平。人生之路，要用我们双手去开拓！

你爱事业如同爱春天，那样执着，那样深沉，一生的心血都凝集着新绿。

学习，就是努力争取以获得自然没有赋予我们的东西。

成功常常离你很远，而失败却随时跟踪着你。你必须勇敢地拨开一个一个失败，那时成功就会向你走来。

不要在夕阳下落的时候幻想什么，而要在旭日东升的时候工作，世间最可贵的就是"今"。

人生最美好的，就是在他停止生存时，还能以他所创造的一切为后人服务。

有了攀登时的坚强毅力，才有到达顶峰时的心旷神怡。

把自己当成砖石吧，与伙伴你一起肩负起事业的大厦！

星星在夜空里发出光芒，闪电在撞击时发出光芒，你在探索和进取中发出光芒。

在进取者的眼中，生活就是建功立业。你在人生的征途中兼程而进，迎接你的将是胜利的歌声。

我们所从事的是我们的前人从来没有从事过的事业，没有什么可以借鉴，只能摸着石头过河。勇敢地探索吧，朋友们！

鸟贵有翼，人贵有志。立志是事业的大门，信心是事业的起点。

让我们的视野，我们的想象，飞向地平线，飞向广袤的宇宙。

生活多么美好！在我们未来的日子里，每天都会有火红的朝霞升起。

幽默卷

学堂正发烧
课堂篇

● 上课点名的尴尬

政治老师有个癖好，喜欢提问，提问之前必高声重复一遍问题。有一次上课时，老师突然又提高声音开始提问，所有同学都恐惧地盯着老师，唯恐被喊到，因为老师以提问来代替点名，他是看着点名册提问的，所以大家都不必低下头。

"1班25号！"老师点道。

一片沉默（张三正在发呆）……

"25号——张三！来了没有？"老师重复道，唰！整个教室的人都看着张三。

"没来！"张三大叫。全班人都愣了！不过很快又开始佩服张三的勇气了。

"怎么没来呢？"老师又问。

"他病了！"张三无奈，只得撒谎，全班一阵哄堂大笑。

"你是他宿舍的吗？"对于莫名其妙的大笑，老师也被搞糊涂了。

"是的。"面对老师的盘问，张三脸都绿了。

"太不像话了，回去告诉他，让他下午到办公室来找我！"全班同学又是一场大笑。

"啊?! 好。"张三头皮开始发麻了，下午找谁替他去挨骂呢？就李四吧，唉，又得请那小子吃一顿了。

张三正在为逃过一个问题而庆幸，老师又补充道："那这个问题你替他回答吧？"

"啊?!"张三极不情愿地站起来，郁闷之情可想而知，教室里已经有人笑疼肚子了。

"老师，能不能重复一下您问的问题？"

"这个问题我已经重复了三遍了，你怎么上课的？"

"不好意思，我没听清！"张三额头上已经有汗珠了。

"那好，我再重复一遍……"

"我，报告老师，这个问题我不会回答。"张三想反正是一死，何必死得那么窝囊呢，于是理直气壮起来。

"那好，下午两点你和张三一起到我办公室来！"当场的同学都笑到喷血。

从此，政治课无一人敢说某某没来了。

●成绩不理想的学生上课想什么呢？

1分钟，上次课没有认真听课，这节课一定补上。

2分钟，老师讲的怎么这么简单，哎，想睡觉。

3分钟，这老师真没劲，讲来讲去都是中文。

4分钟，看我的同桌都睡着了，真是的，太不认真。

5分钟，先想想下课后干什么吧，以免到时手忙脚乱。

6分钟，嘻……老师的头上有一点东西，真是太有意思了。(至少比听课有意思多了。)

7分钟，最近又要考试了，真不知道该怎么办呀。

8分钟，今天中午吃什么呀，天天吃的东西我都厌了。

9分钟，为什么还不下课呀，都快10分钟了。

10分钟，万岁，又过了四分之一的时间了。

11分钟，怎么眼前越来越看不清楚了，可能是想睡了吧。

12分钟，老师今天讲课是怎么了，真像小时候妈妈唱的催眠曲。

13分钟，@-@。

14分钟，……

40分钟，什么时候了，该吃饭了吧？

41分钟，今天的手表是不是有问题了，怎么走这么慢？

42分钟，我快要坐不住了，真想站一会儿。

43分钟，下了课赶紧干事情。

44分钟，现在的心情真好呀，45分钟，唉，这节课又浪费了，下节课努力呀。

叮……又下课了！

● 课堂幽默对话

初中数学老师讲题时，喜欢投身其中。有一次他说："我的底面半径是 20cm，我的高是 50cm，那么我的体积是多少?"下面有人说："是饭桶。"全班爆笑，他竟然也笑了。

一天下课，一位英俊的男老师叫住了英英："这位同学，你今天晚上有事吗?"英俊的男老师口气极为温柔地看着她。"没有"，英英害羞地摇了摇头。"那晚上早点睡，别每天上课都打瞌睡!"

生物学老师："同学们，谁是兽中之王?"有一位回答说："动物园园长。"

物理老师跟校长说："你知道不知道单单一个顺时针和一个逆时针我就教了五节课? 五节课啊! 我告诉他们如果还不明白就看看手表，时针往哪儿走哪儿就是顺时针，反过来就是逆时针。可是，全班数过去，不是手机就是电子表。"

某学生坐在教室最后一排睡觉，旁边即是教室后门，每次下课，都是同桌把他叫醒，然后他径直走出教室沐浴阳光。某节课中，老师破天荒地叫他回答问题，酣睡中被同桌叫醒，他起身即推门走出教室，五分钟后，他在教室外感觉环境异样，随即快步赶回教室，全体师生做惊恐状。

我班的一个女孩坐最后排，上课时听随身听，耳朵堵着所以说话声很大，对她同桌说："老师过来告诉我一声。"几乎所有同学都听到了。老师也不例外，看看那位同学，然后说："我不过去。"

老师问："几何是很有用的学科，学习几何，我们的目标是什么?"
小毛："没有蛀牙!"

老师："男同学站在我左边，女同学站在我右边，其他人原地不动。"结果就老师一人没动。

某数学老师讲方程式变换，在讲台上袖子一挽大声喝道："同学们注意！我要变形了！"

●原因

老师："小明小时候，把一棵樱桃树砍倒后，马上承认了自己的错误，而他的父亲也没有责怪他，谁能说说其中的原因？"

学生："因为他手里拿着斧头。"

●珠峰在哪儿

老师："世界上最高的山峰叫什么？"

学生："珠穆朗玛峰。"

老师："很好。它在哪里？"

学生："地理书第五页！"

●潦草

老师："你这是写的什么字？这么潦草，我都认不出来。"

学生："您早点问好了，现在我也不认识了……"

●第四元素

老师："谁能说出自然界的四大元素都是什么："

小毛："第一是火，第二是空气，第三是土壤，第四是……"

老师："不要急，想想，你们洗手的时候，用的是什么？想起来了吧，第四元素是什么？"

小毛："……香皂！"

●并不全是

老师："你的试卷是抄小A的吧，和人家一模一样。"

学生："并不全是……"

老师："那么，哪些地方不是呢？"

学生："名字……"

● 小动作

老师："你上课时怎么老是做小动作？"

学生："教室太小了，如果在操场上，我就能做大动作了。"

● 经理

语文课上，老师布置了一篇作文，题目是《假如我是经理》。学生一个个都开始写，只有小毛反抄着手，靠在椅子上，神气十足。

老师不禁问道："小毛，你在干什么，怎么不写作文？"

小毛："我在等我的秘书。"

● 狗的过错

老师要收作业，但是小毛交不出来。

"我的作业被狗吃掉了。"

这种借口老师当然不相信，非常生气地瞪着小毛。

"老师，我说的是真话。"小毛申辩道，"还是我强迫它吃下去的呢。"

● 为时过早

老师："期末快到了，你还不抓紧时间复习？！"

学生："不用那么着急。现在看了，到考试时也忘了。等卷子发到手里，再看书也不晚。"

● 老师的提问

语文课上，老师给学生解释"奇迹"找个词。

"同学们，假如我站在十层楼的楼顶上，没有站稳摔了下来，恰好一阵旋风在半空中把我刮起，使我安全落地。大家想一想，这该用什么词来形容？"

沉默了一会，小A举手说："幸运。"

"不错。"老师说道，"确实是幸运的，但这不是我要的词。我再重复一遍，我从楼顶掉下，一阵旋风刮来……"

"碰巧。"小B又回答。

"不不，"老师说，"我再重复一遍，我第三次从那楼顶掉下来，一阵旋风把我刮到了安全的地方。这该用什么词来形容？"

这次，同学们异口同声地说道："您在训练！"

● 目的

老师："小毛，请用'目的'这个词造句。"

小毛："老师，您是这个世界上最美丽、最善良的老师。"

老师："谢谢，可'目的'呢？"

小毛："我想早点回家。"

● 体育课上

学生正在上体育课。体育老师命令道："抬起左腿，伸向前方！"

有一名同学因为紧张而把右腿伸了出去，和旁边同学的左腿并在了一起。

老师在侧面看见后喊道："谁把两条腿都抬起来了?!"

缺点

老师："小毛，你认识到上课睡觉的缺点了吗？"

小毛："认识到了。"

老师："是什么？"

小毛："不如床上舒服。"

● 缩写

老师："缩写就像把一棵树砍去分枝，留下主干。小毛，那你知道与缩写相对应的扩写是怎么回事吗？"

小毛："明年春天树枝再长出来。"

● 龟兔赛跑

老师："有些同学开始骄傲了，大家都知道龟兔赛跑的故事，小毛，你说，为什么兔子会输给乌龟？"

小毛："因为兔子在途中睡着了。"

老师："太对了，那应该怎样它才不会睡觉呢？"

小毛："把乌龟换成狼。"

●奇特动物

老师："小毛，请说出一种生活在非洲的奇特动物。"

小毛："北极熊！"

老师："小毛，请注意，在非洲是找不到北极熊的！"

小毛："我知道。所以它才是奇特的动物。"

●精确概括

语文课上，老师正在讲大诗人李白，可是小毛没认真听讲，睡得迷迷糊糊。老师见状便故意提问他。

"小毛，你能用一个词精确地概括一下李白这个人吗？"

没想到小毛毫不迟疑地说道："已故。"

贮能的办法

老师："每个人都知道要贮存能量。小毛，请你说出一个贮存能量的方法。"

小毛："整天躺在床上。"

●本来

老师让同学用"本来"造句。小毛交上来的作业本上写的是："今天，从日本来了一个女生，十分漂亮。"

老师拿着作业，犹豫许久，才批了一句："今天，你是我的老师。"

幽默生活造
生活篇

●酷女生

张佳在上课时又睡着了，可是，她连睡觉都不老实，睡着睡着，还打起了鼾，于是乎，整个安静的教室里，就只听见她的鼾声，老师的脸都绿了，哈哈，这妮子也太嚣张了吧，居然这么不把老师放在眼里，看来，你是想挂科了。我没法，只好狠狠地踢了她一脚。事后她还发来短信说："我好丢脸啊，我在寝室里睡是不打鼾的，这次是姿势不对。"

●小女生不得不遵守的铁血家规

亲爱的女儿，鉴于你在你爷爷奶奶姥姥姥爷的纵容之下胡作非为，我跟你妈研究后决定对你断零花钱三天以示惩罚，并留家查看以观后效！我们家是法制家庭，决定对你实行法制管理，经爸妈立法委员会研究讨论，制订了浅浅家规21条，现颁布如下：

第一：吃东西必须注意场合！不得在床上、躺椅上吃任何东西，并把食物渣子弄得到处都是！

第二：你得明白做任何事情都要有一个过程，比如猪身上长不出来火腿，麦子不会直接长成面包，同理，荔枝要剥掉外皮才可以吃！

第三：也许你也知道要帮忙打扫房间，但是不许把垃圾塞在沙发下面和一切不易发现的角落！

第四：请不要再叫你亲爱的大姑是大狗，那对她是一种侮辱。如果你确实发音不够清楚的话，你可以选择闭嘴。

第五：见到帅哥的时候可以对他笑，但是笑的甜蜜程度不得超过看见老爸我的甜蜜程度！

第六：见到漂亮阿姨可以和人家打招呼，但是不得用自己的可爱为武器骗取一切好处！

第七：见到漂亮女生不许私下嫉妒！你确实很漂亮，但是你得允许别人像你一样漂亮。

第八：你的亲吻让我和妈妈都觉得幸福，但是你得明白，牙齿是用来攻击香蕉和菠萝的，所以不许咬我的脸！

第九：你得明白跟你最亲的是我跟你妈而不是漂亮衣服，所以你不得在得不到漂亮衣服的时候对我跟你妈有任何不友好的举动，包括怒目而视！

第十：我知道你对电脑有兴趣，我也打算把你培养成一个电脑天才。但是，培养的过程也是循序渐进的，所以不许没日没夜地呆在电脑前！

第十一：你每天起床的第一件事情是叫一句爸爸或者妈妈，不得睁开眼睛就想开电脑，虽然电脑里有你喜欢的一切东西。

第十二：显示器里出现任何你感兴趣的衣服或食物的时候，不得太过垂涎，并且不得把口水流到键盘上！

第十三：如果你对学校伙食标准不满意，可以提出口头申请或者书面申请，不得企图以摔饭盆这种暴力方式引起高层重视！

第十四：犯了错误是要写检查的，写检查一定要态度端正，不得躺在床上撒娇耍赖企图蒙混过关！

第十五：你喜欢音乐这很好，我也喜欢看着舞蹈的样子！但是不得在床上，尤其不准强拉着咱家的小白跳舞，狗狗也是会害怕的！

第十六：当我厚颜无耻地跟别人吹嘘你如何乖巧的时候，你应该学会如何照顾你老爸的面子，不得当着外人的面撒娇耍赖并拽我的耳朵！

第十七：当有人夸你长得漂亮的时候，你应该保持淑女风范，不得得意忘形。

第十八：当有人说你的皮肤不够白的时候，你应该虚心接受，不得表示愤怒，不得作出任何举动包括翻白眼。

第十九：如果水果吃完了可以自己去拿，不得大喊大叫让妈妈去拿！理由如下，第一，形象不好；第二，也是最重要的，你叫也叫不来！

第二十：要牢记你大姑的教导，遇到比自己聪明的要学习，遇到比自己老实的要照顾。善良谦虚是每个女孩子最美丽的品格。

第二十一：这也是最重要的一条，不得向任何人透露关于二十一条的信息，尤其不得向你爷爷奶奶告状！

以上家规自即日起开始执行，如果以上规定受到你爷爷奶奶姥姥姥爷等的干涉而得不到有效执行，则自行作废。

● 广告策划

学校开展"推广普通话"活动，语文老师出了这么一道试题：用10到20个字给推广普通话写个广告策划，写出10条以上广告语。其中一位同学如此写道：

1. 方言诚可贵，外语价更高。若为普通话，两者皆可抛。

2. 做普通人，讲普通话。

3. 学好普通话，走遍天下都不怕。

4. 今年暑假不学习，学习只学普通话。

5. 今年过节不说话，要说就说普通话。

6. 出门儿要讲普通话，地球上的中国人都知道。

7. 普通话，自从有了你，变得好美丽……

8.国家免检产品：普通话。

9.普通话，国家宇航员指定语言。

10.话到嘴边必有话，有话必有普通话。

11.说普通话，你好我也好！

●养狗同学要受的12种罪

1.小狗刚刚领回家时，嫌其身上味道难闻，遂丢入浴缸或脸盆大洗特洗一番。第二天发现小狗鼻子开始喷鼻涕泡，逗死；

2.发现小狗喷鼻涕泡不是搞笑是感冒，一时间没了主意，急死；

3.听了朋友的话到宠物医院，又是打针又是输液，最后一结账好几百，心疼死；

4.朋友来家里看小狗，发现小狗睡在鞋盒里，上面垫的是一条脏毛巾。被斥没有爱心，遭到严厉批评，内疚死；

5.终于买回来一个狗窝，小狗闻了闻又回鞋盒里睡觉，郁闷死；

6.终于教会小狗和人握手，每次家里来人都秀给人看，不过瘾还录在手机里逢人便秀，得到无数夸奖，得意死；

7.开始带小狗出去遛弯，它胆子太小，遇到大狗就倒地装死，被邻居嘲笑，丢脸死；

8.小狗胆子越来越大，出门只要见到其他狗就咬，直接横穿马路也不怕，跟在后面追也追不上，担心死；

9.遇到伤心事，不便和别人说，一个人躲在家里流泪，小狗在旁边陪你，还会用头拱你，用小舌头舔你，感动死；

10.小狗不吃狗粮，一天天瘦下去，每次洗完澡看到瘦骨嶙峋的小狗，忍不住上网查资料，给小狗做各种各样据说狗爱吃的东西，累死；

11.小狗过年的时候作揖给你拜年，高兴死；

12.给红包的时候发现小狗除了会"汪汪"叫以外，绝对不会叫"爸爸、妈妈"，沮丧死。

每天想起家里的小狗，生活就充满了乐趣，希望所有养狗的同学都善待你们的小狗吧！

●出于礼貌

爸爸："如果我用你那样脏的手直接抓东西吃，你会怎么说我？"

儿子："出于礼貌，我会什么都不说。"

●告别

小毛出院了，高兴地和医生告别。

"再见，医生。"

小毛的姐姐马上说："什么'再见'？你还要住院吗？"

小毛说："那……医生，永别了……"

●刷牙

爸爸："小毛，妈妈发现你早上没刷牙，为什么？"

小毛："因为我忘记把牙刷弄湿了。"

●秘诀

爸爸："儿子记住，成功是需要诚实和智慧的。"

小毛："诚实和智慧？什么是诚实呢？"

爸爸："诚实就是要信守诺言。"

小毛："那么，什么是智慧呢？"

爸爸："智慧就是不要许诺。"

●表扬

小毛："爸爸，老师今天表扬我了。"

爸爸："太好了，老师表扬什么了？"

小毛："她说，她还没见过像我这么懒的学生！"

●笑与孝

爸爸："等我老了，你对我孝不孝？"

小毛："笑。"

爸爸："怎么孝？"

小毛："哈哈大笑。"

●绝招

爸爸："看你写的字，这么潦草，谁能看明白？"

儿子："你不是告诉我，应该掌握一门别人不会的本事吗？"

● 钱的用处

"我爸爸说,如果我每克服一个坏习惯,就给我一百元钱作为奖励。"

"那你克服了吗?"

"当然没有。克服了这些坏习惯,我还要钱有什么用?"

● 历史故事

小毛:"爸爸,给我讲个故事。"

爸爸:"好吧。从前,有一只青蛙……"

小毛:"不,我要听历史故事。"

爸爸:"好吧。从前,在宋朝的时候,有一只青蛙……"

● 揍他行吗

"妈妈,我能和小毛去玩吗?"

"不行,他是个坏学生。"

"……那我出去教育他行吗?"

● 摔跤

小毛摔了一跤,满身泥巴的回到家里。

妈妈见状非常生气:"你这个淘气鬼,穿的崭新的裤子,还摔跤了!"

小毛:"妈妈对不起。我摔跤时来不及把裤子脱下来。"

● 不甜不要钱

小毛来到水果摊前。

"老板,这苹果甜不甜?"

"不甜不要钱。"

"给我来一斤不甜的。"

● 将来的职业

爸爸:"你这个孩子,都初一了,连数都数不好,还只是能从1数到10,你这样将来能干什么呢?"

小毛："不用担心，爸爸。我将来可以当拳击裁判。"

●光线太暗

妈妈："昨天晚上我在冰箱里放了两块蛋糕，今天早上我看只剩下一块了。小毛，你能解释一下这件事吗？"

小毛："我想是因为冰箱里的光线太暗了，我没看见还有另外一块。"

●全面发展

爸爸："小毛，看看你的成绩单，怎么考这么差？"

小毛："可是大家都说我是全面发展的学生。"

爸爸："怎么个全面发展？"

小毛："踢足球时，我当前锋；读书时，我当后卫……"

●这是哪里

小毛走在街上，一个迷路的人走上来拍了下他的肩膀，问道："请问这是哪里？"

小毛："这是我的肩膀。"

●赖床的理由

妈妈："快起床，你看看，太阳都升起多高了，你还在赖床！"

小毛："可是太阳晚上6点就睡觉了，而我是10点才上的床。"

●首先

妈妈希望小毛能够养成诚实并敢于承认错误的好品格，于是就问他说："孩子，告诉我，在你希望求得别人原谅之前，你首先应该做什么？"

小毛想了想，回答说："首先，应该犯错误。"

●体裁

爸爸："小毛，这学期你写了几篇文章？"

小毛："大概二十多篇吧。"

爸爸："真不少，都有哪些体裁呢？"

小毛："就两种，检讨书，保证书。"

●赔偿

小A："你的狗把我咬伤了，你说怎么办吧，怎么赔偿我？"

小B："实在对不起，你去咬我的狗吧，随便怎么咬。"

●奖励

小毛的妈妈见他玩了很长时间，便哄他去练琴："好孩子，快去练琴。练完妈妈给你10块钱奖励"

小毛："可是隔壁的阿姨说了，只要我不练琴，她就给我20块奖励。"

●遗传问题

爸爸："假如我要是考试不及格，你会说什么？"

小毛："没关系，失败乃成功之母。"

爸爸："再不及格呢？"

小毛："不要紧，胜败乃兵家常事。"

爸爸："老是不及格呢？"

小毛："那就是遗传问题了，我会什么也不说。"

●唯一的回答

小毛从学校回家后，非常骄傲地对爸爸说："爸爸，你知道吗？今天我是学校里唯一一个能回答出老师问题的学生。"

爸爸非常高兴："是什么问题，儿子，老师是怎么问的？"

小毛："老师问的是：谁把走廊上的玻璃打碎了？"

母子对话

小毛："妈妈，我想喝水。"

妈妈："自己去拿，不许懒惰。"

小毛："妈妈，求你了，你去帮我拿吧。"

妈妈："自己去，再这样，我就拿棍子揍你。"

小毛："你拿棍子时候，顺便帮我把水拿来吧。"

起床时间

小A："放暑假时，你一般什么时候起床？"

小B："只要第一缕阳光照进我的窗户，我便立刻起床。"

小A："那不是太早了吗？"

小B："怎么会呢，我的窗子是向西的。"

生气的理由

爸爸："刚才你们老师给我打电话了，说你又把他气得要死。你今天到底都干什么了？"

小毛："这不可能。我今天根本没去上学。"

保证

小毛："爸爸，如果我考了全班第一，你会怎样？"

爸爸："那我会高兴死的。"

小毛："爸爸，你放心好了。我保证不会让你死的。"

戏点嘻嘻师
老师篇

● 高明的老师

吸烟有害健康，老师经常告诫几个不听话的学生。一天他们在厕所吸烟，被教导主任看见，教导主任告诉其班主任，班主任次日找他们五个谈话。

老师："你吸烟吗？"

学生A："吸……"

老师："吸？你很光荣嘛！回家叫家长来！"

学生A回去后和另外四个说："老师问你们吸烟吗你们都别承认，都说不吸，这事我自己担了。"

一会儿过后。

老师："你吸烟吗？"

学生B："不吸。"

"那吃根薯条吧。"说着老师递过薯条。

学生B自然地伸出两个指头……

老师："不吸？回家把家长叫来！"

……

老师："吸烟吗？"

学生C："不吸。"

"那吃根薯条吧。"

学生C小心的接过薯条，心中暗暗感激学生B。(幸好早有预备。)

老师："不沾点番茄酱吗？"

学生C一不留神将酱沾多了，便开始往碗里弹……

老师："不吸？烟灰弹得很熟练嘛……家长叫来！"

……

老师："吸烟吗？"

学生D："不……吸……"

……

(学生D吃完薯条已是汗流浃背，感觉如履薄冰)

学生D："谢谢……老师……没事的话我先回去了。"

老师："你不给你同学带根吃吗？"

学生D："谢谢老师。"说着把薯条放在耳朵上……

老师："知道我该说什么了吧，还不去叫家长？！"

老师："吸烟吗？"

学生E："不吸"

……

(总算把薯条安心放在口袋里……)

学生E转身想走，老师突然喊道："校长来了！"

只见学生E慌忙把薯条从口袋里拿出来放到地上使劲地踩……

●池老师的"缺点"评语

池老师每次给学生的期末评语似乎都是优点，连缺点一栏也是，家长们都摸不着头脑。于是他们要池老师给他们解释给自己孩子缺点评语的含义。

A家长指着手册上"小李飞刀的后代"："我的儿子怎么成了小李飞

刀的后代了？他父亲不姓李啊？"

池老师回答："那是说您的儿子考试时到处扔小抄，小抄扔得远而且非常准，很仗义热心。"

B家长眉飞色舞："我的孩子那么伟大？为国家下岗再就业工程做出了卓越贡献？"

池老师回答："他经常踢坏校门教室门，砸坏桌椅，还随地吐痰丢垃圾，直接给好几个下岗职工创造了再就业机会，来学校做保安、木匠、清洁工。"

C家长问："我家孩子厉行节俭吗？我怎么没发现？"

池老师说："是的，您的孩子从不带零食上学，却经常偷同学们的小食品和水果吃。"

D家长纳闷："火车不是推的，泰山不是堆的，这个评语是什么意思啊？"

池老师说："想想后一句是什么？牛皮不是吹的！"

E家长奇怪："我那小子的文学素养提高了？"

池老师："令公子每天都在课堂看小说，收都收不过来！"

E家长笑："哈哈，我儿子这文采出众的评价我还真高兴！"

池老师的回答："我也佩服他的文采，他的情书写的棒极了，每篇都能引来女生尖叫！"

F家长疑问："理家好手是评价一个学生的吗？"

池老师答："他想必每天晚上都在帮你分担家务吧？所以从来不写作业！"

G家长："班级守护神这个称号真高啊，我的孩子怕担不住吧？"

池老师回答："不高，他做得很好。他上课时经常在教室门口保卫全班师生的安全！"

H家长说："呵，我的孩子有礼貌？"

池老师回答："是的，他只会说一句英语，每当老师提问时，他都会说，sorry。"

最后一个家长I问："我发现所有的孩子手册里都有同样的一句话，健体强身。这是您对他们的良好祝愿吧？"

池老师笑笑说："对，这是良好祝愿，希望他们以后不再找各种稀奇古怪站不住脚的理由来逃避体育课。"

家长全体晕倒……

笑方生产地
校园篇

●被冤枉的初三才子

初三时，有个寄宿生叫方小杰，常有小说散文在报纸杂志上发表，所以人送外号"方才子"。

一天上午，班主任张老师急匆匆地把方才子叫进了办公室，用恨铁不成钢的语气说："方小杰呀方小杰，老师真没想到你竟会做出这种事来，你太让老师失望了！"

方才子有些莫名其妙："张老师，我犯啥错误了？"

"你还跟我装无辜？"张老师脸都气白了："走，你跟我见校长去！"

到了校长室，张老师气呼呼地向老校长低声说了几句，又从口袋里掏出一张纸条递给他看。校长的脸色顿时由晴转阴，说："学校已经三令五申，学生不准早恋，你这是顶风作案，罪加一等，学校绝不能姑息。"

"早恋？"方才子不由一愣，睁大眼睛说，"谁说我早恋了？"

"证据确凿，你还想狡辩？"校长气得一拍桌子，差点将桌上的茶杯都震落下来。

方才子不卑不亢地说："校长、张老师，不管你们相信不相信，反正我确实没有早恋，你们也不要捕风捉影。"

"你、你……岂有此理！"校长脸都气歪了，"你的家长是谁？你家里的电话号码是多少？我要把你家长叫来！"

"叫就叫，有什么大不了的。"方才子抓起桌上的电话机，拨通了家里的电话。

15分钟后，他爸爸方权骑着摩托车赶到了学校。校长把那张纸条递给了他。方权一看纸条，顿时火冒三丈，举起手就给儿子一个耳光："臭小子，你胆敢在学校谈情说爱？看老子今天怎么收拾你？"

方才子眼泪都快掉出来了，委屈地说："爸，我没谈恋爱！真的没有！"

"你还不承认？"方权扬了扬手中的纸条，说，"这是什么？难道不是你写的情书吗?"

"情书?"方才子吃了一惊,"什么情书? 我从来没写过……"

"你还不承认?"他爸爸越说越气,照着纸条上念了起来:"亲爱的宝被……呸,一个高中生,连个'宝贝'的'贝'字都写错,这么多年的书真是白念了。"他狠狠地瞪了儿子一眼,接下去念道:"你怎么这么狠心,不说一句话就离我而去? 每天夜里,我只有伴着你抱着你体会着你的温暖,才能安然入睡。没有你的夜晚,是寒冷而凄凉的夜晚,没有你的夜晚,是漫长的不眠之夜。回来吧,回到我身边来吧,亲爱的,我不能没有你。"

爸爸气得浑身发抖,对着儿子怒目而视,大吼道:"你说,这不是情书是什么? 是什么?"

方才子再也忍不住,"哇"地一下哭出声来,边哭边委屈地说:"这是我写的寻物启事,我的被子昨天丢了,我准备把这张纸条贴在宿舍楼梯口……"

● 我是差生我容易吗

*月*日

自习课上,我正在专心做习题,后桌用笔捅了捅我的背,挺疼。我转回脸没好气地说:"别烦我,我正做习题呢!"后桌用手掩着嘴神秘地说:"你知不知道,你本周的品行分已经是负二分了。"我忙问:"为什么?"后桌说:"有人打小报告,说你上课老说话。"我愤愤地说:"谁这么缺德,诬陷我。别让我查出来,查出来我跟他没完!"话刚说完,头上突然挨了不轻不重的一巴掌。更加愤怒,抬头一看,老师正怒目而视,老师说:"有人说你上课老说话,我还不信。今天逮个正着,看你还有什么话说! 扣一分!"我一听又扣掉一分,气不打一处来,指了指后桌道:"她也说话了,凭什么只扣我的分儿?"老师道:"噢,人家说话,你就也说话。人家考一百分,你怎么不也考一百分?"我立即就蔫了。

*月*日

唉,差生,差生。成绩差了,就左也差,右也是差,怎么都是差。做差生真是太辛苦了。因此,我下定决心把成绩搞上去,所有科目中我英语是最差的,英语老师自然就为我费心血最多,所以英语课上他一般都是让我陪他站在讲台上听课。

情况一般是这样的，英语老师随铃声跨进教室，打开课本，或让我背上一节课学过的课文，或让我背单词，总之无论让我背什么，我都是背不上来的，于是我就顺理成章地上讲台去陪他。然后英语老师才正式上课。有时候我不好意思这么麻烦英语老师，就在铃声响之前主动走到讲台去。这时候英语老师一般都会夸奖我一句："还挺自觉的呀！"

为了感谢英语老师的良苦用心，我决定从英语抓起。于是今天晚上熬了半宿把下午学过的课文和单词等死记硬背了下来。

*月*日

今天的英语课英语老师又习惯性地让我起来背课文，我胸有成竹，一改往日站起来畏畏缩缩的样子，大大方方，声音洪亮地背完了课文。英语老师头往后仰了仰，扶着眼镜，瞪着眼珠，很是吃了一惊。他又让我背单词，我又背了下来。英语老师就有点怂然，铁青着脸："我让预习这节课要学的课文，你预习了没有？把课文给我读一遍。"我说："老师，你什么时候让预习过呀？"英语老师的脸就更青了，厉声道："提前预习是作为一个学生应有的常识。还用老师每天都说吗？读！"于是我就乖乖地读。读到一个新单词的时候，顿住了，英语老师的脸立即舒缓了下来。心满意足地说："这就对了。不要妄图逃脱什么。上来吧！"于是我就又走上讲台，继续陪英语老师。

●考试不及格的自我安慰的理由

其实，考试不及格实在不能怪自己啊，而是因为一年只有365日。详析如下：

1. 双休日——一年里面有104个星期天，扣除这些天数，一年只剩下261天。

2. 暑假——在一年内，大约有50天的天气非常热，而导致无法念书，因此，那261天也只剩下了211天。

3. 另外，包括元旦、国庆、五一、寒假等节日，又占了50天，那211天也只剩下了161天。

4. 就这剩下的161天，每天还有8小时的睡眠时间，3小时的三餐时间，算起来又占去了74天，一年就只剩下了87天。

5. 考试及测验至少占了一年的50天，算起来那87天也就只剩下了

37天。

6. 一年当中看电影或参加一些有关活动，怎么也要20天，算起来那37天也就只剩下了17天。

7. 这剩下的17天，每天大约1小时的游戏时间，2小时的沟通时间，半小时的购物时间，半小时的方便时间，半小时的个人卫生时间，半小时的零食时间……约计占去4天，算起来一年就只剩下了13天。

8. 预计一年生病7天，算起来一年就只剩下了6天。

9. 预计一年被老师及家长罚掉5天时间，比如罚站、罚写检查、罚打扫卫生等等。算起来一年就只剩下了1天。

10. 就这剩下的1天，正好是我们自己的生日……生日这天还要学习吗？

●校园逸闻趣事

一同学遇急事便口不择言。某日在水房洗漱，旁人往地上泼水，惊得他一跳数尺："小心！不要把我的水弄湿了！"

无独有偶，曾有另一同学见桌上有水，非常镇静地说："咦？这儿的水怎么那么湿呢？"该生嘴里还曾有过诸如"前有追兵""象牙吐不出狗嘴"等妙论。

化学老师，川东人士，性暴却不乏幽默感。一日上化学课，在课堂上制成二氧化硫，他先是一脸严肃地说："这个二氧化硫，它是，有毒的。"随即对我们神秘地眨眨眼："我把它放到对门班的后门……"说罢当真提起铁架台出去了，众皆爆笑，以为得意。过两日，与对门班同学聊起该老师，正欲据实告知，同学先开口："昨天上课，X老师太搞笑了，制成了二氧化硫，然后对我们说：'我把它放到对门班的后门去……'"

数学先生，对数学痴心一片，常言"数学是最美的"，"数学在我心中"，又言："某大学门口悬一牌，上书'不懂数学者不得入'。"逢课堂上一生醋睡，先生怒，喝起问曰："某大学门口的牌子你还记得么？"此生懵懵懂懂，冥思半晌，答之："禁止小商小贩出入。"

语文老头，满腹经纶，曾培养过省状元。吾尝执试卷问题，老头问："答案选什么？"对曰："选B。"老头遂开始滔滔不绝，讲解为何选B。过十分钟，吾猛觉答案有误："对不起老师，刚才看错了，应该选C。"老头面不改色："好，我们来说说这个C吧。"于是又是十分钟……

某班主任，为人优柔寡断。一日新做了个头型来上晚自习，众人如见外星人，盯得他如芒在背。很快消息流传出去，外班的人也借口问问题鱼贯而入。后来老师出去上厕所，刚到教室门口便碰到一迟到女生，该女生一声尖叫，把手里的书都扔掉了。老师连夜把头洗掉了。

一老师说话口音浓重，学生常模仿之。一日中午，几名学生在教室里模仿该师说"失重、湿重、视重"，突然门被教导主任推开，众皆大惊。主任奇怪地扫了一眼："咦？明明听到郑老师的声音啊……"

● 中学时难忘的搞笑事

初中时夏日流行以汽水解渴。某日体育课后，口干舌燥，吴铭一口气灌下两瓶。第二节课头晕眼花，蒙头不起，后终于呕吐。众人以为他重病，急送医院，他父(他是医生)详查后，伸手打了他一巴掌。病历单结论：醉酒——商店老板错把香槟当汽水卖给了他……

初中时班主任甚"阴险"，上自习时喜从门缝中偷看。一日某学生小急，急切切冲出，推门，猛听有人哀呼，摔倒。一看，一人跌坐于地——班主任，抚头痛呼。后来该学生被罚站一天。

中学时校足球队主力队员经常要换衣服，但校体育场无更衣室，便以器材室代替。一日踢球时天降大雨，众人浑身湿透，正要在器材室脱衣服。门忽开，众人愕然回首，三个抬器材的女生惊立门前，目瞪口呆。半响方才说你们忙吧，转身逃走。众人面面相觑，一通爆笑。

中学时，代数老师呵斥一同学："说话不许出声！"那同学就跟他较真了："不出声怎么叫说话呢？"老师气急败坏，对他说："你给我站到黑板上面去！"又是高难度啊！

● "不合格"的男生女生

如果一个男生一毛不拔，我们就叫他铁公鸡。和他在一起的女生，我们叫她鸡舍清扫员。

如果一个男生常常趁火打劫，我们就叫他土匪。和他在一起的女生，我们叫她压寨夫人。

如果一个男生脸上沟壑分明，我们就叫他作战地图，和他在一起的女生，我们叫她战地指挥员。

如果一个男生长相惨不忍睹，我们就叫他车祸现场。和他在一起的女生，我们叫她救死扶伤.

如果一个男生脸皮太厚，我们就叫他太后。和他在一起的女生，我们叫她皇阿玛。

如果一个男生娘娘腔，我们就叫他东方不败。和他在一起的女生，我们叫她笑傲江湖。

如果一个男生在网上惹人呕，我们就叫他青蛙。和他在一起的女生，我们叫她恐龙。

如果一个男生随叫随到，我们就叫他外卖。和他在一起的女生，我们叫她老板娘。

如果一个男生脾气火暴，我们就叫他霹雳雷火弹。和他在一起的女生，我们叫她忍者神龟。

如果一个男生弱不禁风，我们就叫他一娄蔗。和他在一起的女生，我们叫她护身符。

如果一个男生爱打小报告，我们就叫他逐屁之夫。和他在一起的女生，我们叫她麦田里的守望者。

如果一个男生孤僻忿世，我们就叫他百年孤独。和他在一起的女生，我们叫她爱相随。

如果一个男生见钱眼开，我们就叫他猫眼。和他在一起的女生，我们叫她007。

如果一个男生死气沉沉，我们就叫他敦煌石窟。和他在一起的女生，我们叫她古墓丽影。

●考试魔鬼定律

递推定律：你偷看前面的人的考卷时，后面的人一定在偷看你的考卷。

莫非定律：你往往相信偷看来的答案是对的，可往往你自己的答案是正确的。

橡皮定律：捡掉在地上的橡皮时，你总有种做贼心虚的感觉。

不抬头定律：抄别人的答案时，千万别抬头。一抬头，老师就来了。

时间换算定律：考试前，一秒等于十分钟；考试时，十分钟等于一秒。

作弊者与监考老师定律：所有被抓住作弊的学生都说自己的行为是清白的，所有抓住作弊者的老师都说自己的判断是正确的。

矛盾定律：抄别人答案时，你总想让老师看不见你。别人抄答案时，你总想让老师看见他。

考场气氛定律：考场气氛永远不会活跃起来，除非老师突然离开一会儿。

战争定律：老师赢得了整个战争，却输掉了一场战斗。学生赢得了一场战斗，却输掉了整个战争。

时间价值定律：你唯一知道时间的宝贵是在考试结束铃响起的那一刻。

附加题"鸡"形定律：老师把它当鸡肋骨，好学生把它当鸡大脯，差学生把它当鸡屁股。

倒霉定律：仅仅为了一道一分的题，你作弊被发现了，就像你弯下腰去捡一毛钱，却掉了十块钱。

不公平定律：那个人把你的答案照抄了一遍，得了六十分。而你却得了五十九分。

● 一眼就看穿你是新生

军训刚刚结束了，今天又是星期天，收拾完宿舍的小四决定轻松一下自己，就打算到校园里四处走走，先去图书馆看看吧。

"新生吧?"一管理员说。

"你怎么知道?"

"嗨！老生谁一开学就来图书馆，还不是考试那几天才来!"

出了图书馆都5点多了，小四就径直往餐厅走去。

"新生吧?"餐厅门口刚吃完饭的人群中有人笑了。

"你咋知道?"

"老生哪有现在才来吃饭的，不到5点就来了。"

"哦。"小四又长了见识。

进了餐厅，买饭的队伍排得长长的，小四舒口气，排到最后。

"新生吧?"旁边一个人问。

小四纳闷："你咋知道?

"嗨，老生哪有排队买饭的。"

"哦。"小四明白了，径直走到窗口前，递上饭卡说："我要二两饭。"

"新生吧?"窗口里的人笑了。

"你咋知道?"

"老生哪有这么啰嗦的,你说个'二两'就行了。"

"哦。"小四又学了点东西。

小四随便找了个位子坐下,屁股还没坐稳,旁边就有人问:"新生吧?"

真是奇了怪了,小四心里疑惑,嘴上还硬:"谁说的?"

"嗨,老生哪有你那样规规矩矩坐着吃饭的,得像我这样。"

小四学着老生,一只脚踏在凳子上,果然舒服了许多,找到些当老生的感觉。

"哎呀! 这饭里有沙子!"小四大叫道。

"新生吧?"背后一人道。

"怎么了?"

"呵呵,老生只有当饭里没沙子才会叫!"

"哦。"小四默不作声了,就连接下来碰到苍蝇也没出声。

吃完饭后,小四把剩饭菜倒进了餐具车旁的桶里,把餐具都放到了餐具车上……

"新来的吧?"旁边一个哥们说道。

"?!"

"嗨,老生吃完后哪有把餐具放到餐具车上的,还不是放在桌子上走人………"

小四心情郁闷,向宿舍走去,忽然看到一个学生会招新的广告,就要了一张表……

"新生吧?"边上一伙计道。

小四听的有点头晕,"怎么啦?"

"嗨,老生哪有进学生会的,都是不理世事的!"

小四就扔了那张表。正要走,忽然看到旁边老乡会的活动通知……

"新生吧?"又一伙计道。

"……"

"老生哪有对老乡会感兴趣的,积极的还不都是那些新生。"

小四闹心得要死,决定回宿舍倒头就睡,什么也不理了。

早上小四想想还是去吃早餐吧。

"是新生吧?"服务员说。

"你又怎么知道?"

"嗨！老生哪有吃早餐的！都是午餐早餐一起吃的！"

小四早餐也没吃，又回宿舍躺下了，可小四怎么也睡不着，就这样一直耗到 7：50。

"哎！还是去上课吧！"小四想，现在去教室刚好，8：20 上课，还可以预习一下。

谁知路上搞清洁的又笑了："新生吧？"

"你……你怎么知道？"

"呵呵，老生哪有这么早去上课的，谁不是 8：20 才起床，然后才慢吞吞地去上课！"

进了教室，小四径直走向第一排……

"新生吧！"正在准备多媒体教学设备的教务处叔叔说。

"你怎么也知道？"小四有点不自在。

"嗨！老生哪有一开学就坐第一排的。"

小四就在最后一排找了个位子坐下，一看黑板还被污染的乱七八糟没人擦，就拿起了黑板擦……

"新生就是新生。"刚进来的老师笑道。

"为什么这样说？"小四感到很羞愧。

"哎！老生哪有擦黑板的，还不都是老师擦！"

小四就又回去坐了，整节课一句话也没说。

第三、四节课是公选课，要换教室，小四进了教室黑板看都不看，就朝最后一排走去……

上课时老师提了个问题，小四正想举手，惊动了旁边一个睡觉的家伙："新生吧？"

"怎么还是被人看出来了？"小四满脸通红。

"嗨！老生谁上课会理老师，又不是在点名！"

小四决定以后再也不回答问题了："听课吧。"他想。

"新生吧？"另一家伙道。

"你又怎么知道？"小四差点跳了起来。

"嗨！老生谁上课听课？不是睡觉，就是看小说，哪有盯着老师看的，又不靓！"

有了以上的经验，小四发誓再也不能让人看出自己是新生了，后一节课也不上就走了，去餐厅打了饭回来，刚走到门口就听到宿舍里有人正在谈论自己——

"你们这刚搬进来那个是新生吧?"一串门的家伙对小四的室友说。

"谁说的?"小四冲了进来。

"看看你的被子吧,老生哪有叠被子的!"

小四心想,我还是太嫩了。

● 妙答

老师:"小毛,站起来回答这个问题。"

小毛:"老师,我不会。"

老师:"你自己说,不会该怎么办?"

小毛:"坐下。"

● 激将法

期中考前。

生:"老师,这题会不会考?"

师:"我怎么知道?"

生:"这么没水准的题目,我敢说一定不会考!"

师:"谁说的!我敢说期中考填充就有这么一题!"

● 奶茶

老师要学生造一个有"糖"字的句子。

小毛造句说:"我正喝奶茶。"

老师奇道:"那'糖'在哪里?"

小毛:"在奶茶里!"

● 作弊

某日考试。

小A:"你考得如何?"

小B:"我交白卷,你呢?"

小A:"我也是耶,糟了!老师会不会说我们互相抄袭?"

● 生物学

上生物课,有很多学生打瞌睡,老师于是发脾气了:"对于真正死亡的时间,医学界一直争论,究竟是脑部停止活动时算是死亡,还是心脏停止时算死亡。但如果是前者，我便不得不宣布：'这班学生大多死了。'"

●红头绳

语文课上，分角色朗读课文《白毛女》。

男生："扯了二斤红头绳，给我喜儿扎起来……"

老师："二斤？包木乃伊呢？"

●名次会说话

小毛是一个刚进中学读书的新生。第一次期中考的成绩单发下来后，小毛的爸爸对他说："儿子，希望以后不要每次看到你的名次，就知道你们班有几个人好吗？"

●理由

老师："为何考这么烂？"

甲："眼镜度数不够……"

乙："我脖子扭伤。"

丙："前面同学个子太高。"

丁："隔壁同学用铅笔，我看不清楚。"

●吱声

语文课，老师叫起一昏睡同学回答问题，该同学迷迷糊糊不知所云。

老师说："你会不会呀？不会也吱一声啊！"

该同学："吱……"

●月票

开学第一天，校务主任向学生作报告，他强调了几条校规："女生宿舍禁止男生入内，同样，男生宿舍禁止女生入内。有谁违反，第一次罚款20元！"校务主任顿了顿，继续说道："有人第二次违反，将被罚款60元；第三次违反，罚款180元！有什么问题吗？"

这时，有个男生从人群中站了起来问道："进出女生宿舍的月票要多少钱？"

●初一生的《本班新闻》

"六一"前夕，初一一班的学生刘小华因患感冒请假。班主任指示班干部们自发组织到刘小华家里慰问。第二天，班里黑板报登出了一篇《本班新闻》，全文如下：

本班讯，昨天上午，阳光明媚，鲜花斗艳。刘小华同学家里欢声笑语，人头攒动。初一年级一班班长赵官、副班长张僚僚在体育委员欧阳猛南、文娱委员李美媚陪同下，不远千米，深入到患感冒发低烧的班级成员刘小华家中，为他带去节日的问候和良好的祝愿。

赵班长与张副班长兴致勃勃地参观了刘小华的小房间，饶有兴趣地玩了四盘"魂斗罗"游戏，与普通同学同乐。接着，班级领导与刘小华同学的双亲亲切地拉起了家常。赵班长还愉快地回忆起去年和刘小华开始一起作弊的往事。在交谈中，赵班长多次关心地强调："刘小华生病了，就不要做作业了。好好休息，身体是革命的本钱嘛！"刘小华激动地说："感谢班干部的关心！我一定要战胜病魔，克服一切困难，早日回到温暖的大集体中，回到亲爱的老师和同学中间！"

接着，赵班长一行又在刘小华家门口兴致勃勃地踢起了毽子。蓝天如洗，鸟儿也受到这集体温暖的感染，叽叽喳喳，歌唱美好的生活。

中午，刘爸爸买来香喷喷好吃看得见的某某牌牛肉干和清凉可口的鲜榨橙汁，宴请赵班长一行。席间，宾主就中学生连吃两根冰棍是否会闹肚子等问题进行了深入愉快的双边会谈。

●校园奇冤案

语文课代表在食堂吃饭，在菜里发现一枚铁钉。于是，该学生立刻写了份《失物招领启事》，贴于广告栏上：菜中觅得，一枚铁钉；其身细长，其形玲珑；其辉熠熠，其长盈寸；失主是谁，速来认领。

历史课代表看到后，写了份《遗憾声明》贴在旁边：反复细细考证，始知遗憾万分；此钉并非文物，实属现代文明。

很快，音乐课代表声称他排出一侦破剧，名曰：《校园奇案》，贴于广告栏：剧情复杂，扑朔迷离；铁钉出现，探长称奇；出生入死，寻根问底；迷雾重重，少儿不宜。

紧接着，化学课代表就写了份《新营养论》在广告栏上作补充：菜内煮钉，可使菜的铁元素增加万分之九，如此烹饪确有益健康，何必大惊小怪？

政治课代表则曰：何为矛盾之普遍性，这就是！何为事物之复杂性，这就是！

●文科生理科生的大不同

文科生看文科生：潇洒浪漫。
理科生看理科生：聪明绝顶。

文科生看理科生：呆。
理科生看文科生：酸。

文科生口头禅：茴香豆的茴有几种写法，你会吗？（源于孔乙己）
理科生口头禅：1＋1＝？（源于陈景润）

文科生最头痛的事：1530元存了三个月零七天，银行利息2.14%，扣去20%的利息税，最后总共是多少？
理科生最常做的事：扶着眼镜发愣。

文科生对文科生吹嘘：最近我对相对论做了进一步的研究。
理科生对理科生吹嘘：《红楼梦》中的诗词歌赋，我已烂熟于心。

文科生对理科生炫耀：古代音韵学起来像唱歌一样有趣！
理科生对文科生炫耀：学微积分其实像打游戏一样好玩。

文科生最激动的事：名字变成了铅字（有作品发表）。
理科生最激动的事：攒机成功。

文科生最不爱听的夸奖：哇！你连莎士比亚都知道，好渊博呀！
理科生最不爱听的夸奖：天，你连灯泡线路都会接，真能干啊！

文科生最喜欢的体育项目：中国象棋，因为历史悠久，典故丰富。

理科生最喜欢的体育项目：桥牌，因为计分复杂。

文科生的最爱：《了不起的盖茨比》。
理科生的最爱：《了不起的比尔·盖茨》。

女生的理想男友：文科男生的嘴（甜）＋理科男生的腿（勤）。
男生的理想女友：文科女生的外表（美）＋理科女生的头脑（慧）。

文科男生的爱情战术：肥水不流外人"甜"（文科班女生很多）。
理科男生的爱情战术：引进外"姿"（理科班女生太少）。

●不长而粗

"食堂买饭的队伍长吗？"
"不长。"
"太好了。"
"但是很粗。"

●答案

"小毛，考试时你怎么老盯着监考老师的眼睛？"
"我有一道题不会。"
"可老师的眼睛上没答案啊。"
"只要他的眼睛向窗外一看，我就能马上找到答案。"

●评画

学校举行美术展览，许多同学都到橱窗前欣赏画作。
一个同学问小毛："你说这幅画画的是朝霞还是晚霞？"
小毛："当然是晚霞！"
"你怎么这么肯定呢？"
"我认识画这幅画的人，他从来不会早起。"

●谁最爱国

几个同学比谁最爱国。
小A："我从不买外国货。"

小B："我从不看外国电影。"

小C听后，慢条斯理地说："我入学以来，外语从不及格。"

●是他退步了

老师："上次你考试，得了优良，这次却不及格，为什么退步了？"

小毛："退步的不是我。上次我抄同桌的卷子，这次还是抄他的，是他退步了。"

●妈妈的希望

妈妈："我希望我的儿子将来能做一名教师。"

老师："很好啊，他本人是有这方面志趣吗？"

妈妈："暂时没有，他只是很喜欢休长假。"

●牛吃草

小毛把自己的美术作业交上去，老师见是一张白纸，非常生气。

老师问他："你画的这是什么？"

小毛理直气壮地说："牛吃草。"

老师："可是草在哪呢？"

小毛："被牛吃了呗。"

老师："那牛呢？"

小毛："草都吃光了，牛还呆在那干什么？"

●规律

老师："刚才我讲了什么叫作'规律'，小毛，你能举一个关于规律的例子吗？"

小毛："比如，我妈妈总是在我不想睡觉的时候催我睡觉，又总是在我不想起床的时候催我起床。"

●什么是懒惰

老师布置了一篇命题作文《什么是懒惰》。

第二天，老师打开小毛的作业本，发现第一页上什么都没有写，第二页上也一样，只有第三页的最后一行上写着："这就是懒惰！"

● 律师的儿子

律师的儿子考试不及格，同学们问他："你爸爸会不会打你？"

"不会的，我爸爸是律师。如果他要打我，有我妈妈为我申请缓刑，我再向奶奶提出上诉，然后就可以宣判无罪了。"

脑筋急转弯
急智篇

——什么东西越洗越脏？
——水。

——孔子和孟子有什么区别？
——孔子的子在左边，孟子的子在上边。

——放大镜不能放大什么？
——角度。

——人的哪一颗牙齿长得最晚？
——假牙。

——鹤为什么用一只脚站立？
——两只脚都抬起来的话，它就摔倒了。

——电和闪电有什么区别？
——一个收电费，一个不收。

——著名的《独立宣言》是在哪签署？
——在文件的末尾。

——鱼为什么只能生活在水里？

——陆地上有猫。

——在"太平洋"的中间是什么？
——是"平"字。

——有一样东西，你只能用左手拿它，右手却拿不到。这是什么东西？
——右手。

——有一个奇怪的问题，无论任何人，所得的答案都是"没有"。这是个什么问题？
——你睡了没有？

——什么东西有两个脑袋，六条腿，一根尾巴？
——一个人骑在马上。

——什么东西是一直往上升，掉不下来？
——年龄。

——时钟刚敲过十三下，现在应该做什么？
——修理时钟。

——有个字，人人都会念错，这是个什么字？
——"错"字。

——沙漠里最常见的是什么东西？
——沙子。

——书店里买不到什么书？
——秘书。

——什么海里没有水？
——辞海。

——偷什么东西不犯法？

——偷笑。

——校歌一共多少个字？

——两个。

——有一个人，他天天都要理发，这是为什么？

——他是理发师。

——"办事不认真一定会出错"这句话，有没有错？

——有错，最后一个字就是。

——熊冬眠时为什么要睡那么久？

——没人敢叫醒它。

——什么东西是专属于你的，但其他人比你更经常使用它？

——名字。

汉字智慧逗
文字篇

●最具文采的请假条

敬爱的老师：

昨夜雨急风骤，风云异色，天气突变。因吾尚在梦中，猝不及防，不幸受凉！鸡鸣之时，吾方发现。不想为时已晚矣！病毒入肌体，吾痛苦万分！亦悔昨夜临睡之际，不听室友之劝，多加棉被一条，以至此晨之窘境。吾痛，吾悔！无他，唯恸哭尔！室友无不为之动容！

本想学业之成就为吾一生之追求，又怎可为逃避病痛而荒辍学业乎！遂释然而往校。但行至半途，冷风迎面吹，痛楚再袭人。吾泪涕俱下。已到生不如死之境。哪得力气再往之。不得已，而借友人之臂，返之！由此上述，为吾未到校之缘由。吾师应懂，吾未到校。乃吾迫不得已之。非不为也，而不能也。吾亦懂，吾未到校，吾师失一佳徒之痛苦。无吾，汝课索然无味哉！汝苦，吾亦苦！但，病痛不饶人，敬请谅之！

如有幸再见吾师之面，再听吾师之课，吾宁当负荆请罪，自辱其身！呜呼哀哉！哀哉痛矣！

学生××敬上

●字符的智慧对话

《》对( )说：头脑简单就是因为读书少啊。
( )对《》说：头发少才是智能的象征啊。

: 对；说：进化都没完成，别挂着尾巴跑出来丢人了。
；对：说：你以为你把尾巴藏起来我就不认识你啦？

1对7说：兄弟，你啥时候被人把腰打断的？
7对1说：兄弟，你啥时候把脑袋藏起来了？

0对9说：别以为装大尾巴狼就能吓唬人。
9对0说：别以为剪掉尾巴你就是个人物。

1对0说：说你啥也不是，你还不承认。
0对1说：你要有出息咋一辈子打光棍呢。

0对8说：胖就胖吧，系什么裤腰带啊！

6对9说：什么时候玩倒立了？

●字与字的智慧对话

叉对又说：什么时候整的容啊？脸上那颗痣呢？

全与金说：你两边腰包里面揣了啥宝贝，快掏出来给俺瞧瞧！

日与曰说：你唠唠叨叨说了一辈子，也没能减肥呀。

人与入说：你咋跑镜子里面去了？

月与朋说：你在唱《月之故乡》么——天上一个月亮，水里一个月……

找与我说：找顶小帽歪戴着，你就人模人样了？

差与羞说：打工不丑呀，你有啥害羞的！

勺与句说：别张着那血盆大口，我这樱桃小口多好看。

正与止说：你没头没脑的，只好停下来了。

一与二和三说：就咱哥仨老实本分，小四以后的弟兄们全乱套了！

非与韭说：装盘里你就成小菜一碟了。

鸟与乌说：不长眼睛的，你能不是眼前漆黑一团么？

王与壬说：我堂堂正正的王者风范，岂是你依葫芦画瓢就能学得出来的？

小与少说：你口口声声说少了，可多吃多占那部分全让你藏在下面了。

串与中说：你一箭中的有啥好吹牛的，俺一箭连穿两个靶心！

吕与品说：俺俩口是"丁克家庭"，你们生了个孩子，那是"核心家庭"了。

环与坏说：好端端一个字你少写一笔，可不坏事了么？

不与木说：俺是不想出头，真要是出头了，准比你长得还要高！

牛与告说：就你多嘴多舌，你看看自己，该长尾巴的地方也长出嘴来了。

刀与刁说：你也真够刁的，把刀锋悄悄藏在怀里。

● 毕业留言很经典

美好的初中生活结束了，临别时同学们和老师都给我留言了：

同桌：哈哈！我的噩梦终于结束了，再也不用和你坐在一起了！

王小花：我知道你喜欢我，但是希望你喜欢我之前先照一下镜子！

狗剩子：我一直相信你说的那句名言：学校就是提炼场，现在咱们终于被人从原料堆里捡出来了。

语文课代表：我现在终于解脱了，每次看你的作文我都有一种想要自杀的冲动！

体育课代表：你是我们班体育最好的一个人了！每次你逃课跳窗户的时候都是那么敏捷。

数学课代表：我建议你毕业之后千万不要从商啊！你根本就不识数！3加7你都能说等于21。

化学课代表：我最后告诉你一次，硫酸不是用来泼的！

英语课代表：有机会你要是看见外国人时候，千万不要和他们说话啊。

美术课代表：你是我见过的最抽象派的画家，一个鸡蛋都能画成三角形的。

音乐课代表：你毕业之后千万不要唱歌啊！我不是怕你招来狼，我是怕你把狼唱绝种喽。

班主任：你上高中之后我真的挺担心，不是担心你，我担心的是，下一个倒霉的班主任会是谁？

●校园生活诗词趣解

7：30am，别枕：相抱时难别亦难，浑身无力打哈欠。

7：40am，洗脸：头昏不觉晓，使劲揉眼角。昨夜太贪玩，缺觉知多少。

7：45am，刷牙：泡沫冲去，浪淘净，两排伶牙俐齿。

7：50am，上班：六军不发无奈何，走走停停肯定迟。

8：30am，上课：表慢慢天太长兮，吾将没事瞎磨蹭。

5：30pm，下课：悄悄的我走了，正如我悄悄的来。

5：45pm，到家：学习使人老，努力加餐饭。

6：00pm，翻书：一篇读罢眼发酸，但记得星星点点，几个公式。

8：00pm，上网：我在这边牛，你在那边美。日日思君不见君，见了别后悔。

10：00pm，睡觉：床前明月光，催眠帮帮忙。举头望明月，低头睡得香。

"网"事亦疯狂
网络篇

●最有才的两个女生的聊天记录

纠纷起因：据说鱼欠了橘子八块钱，于是，有了下面这段巨寒的对话，看来真是欠钱的比讨债的还牛——

橘子：还钱！

真章鱼：什么钱？

橘子：买肉的钱八块钱！

真章鱼：生命的欢喜可以再影印一张吗？老去的热情可以再拉皮整形吗？病中的真理可以再传真校对吗？死掉的爱情可以再输入键出吗？买肉的钱还要还吗？

橘子：万里长城永不倒，肉钱一分不能少。

真章鱼：彩虹万里百花开，蝴蝶双双对对来，天荒地老心不变，买肉何须再还钱？

橘子：床前明月光，疑是地上霜。明天不还钱，横着回故乡。

橘子：天地之间有正气，你个混蛋没义气。有钱不还我生气，插你车胎放你气。

真章鱼：不经历风雨怎么见彩虹？

橘子：风雨中这点痛算什么？擦干泪，不要怕，只要你还能还钱。

真章鱼：当山峰没有棱角的时候，当河水不再流，当春夏秋冬不再变换，当我借你的钱化为乌有……

橘子：一元难倒英雄汉，两元就是活命钱。四元买凶头落地，八元岂能不归还？！

橘子：八，是一个神奇的数字。比如，八块钱。比如：大卸八块。

真章鱼：钱，从不逗留，来去匆匆都不给理由。哦。忘了吧！哦，算了吧。

橘子：……有心杀贼，无力回天，先见周公。明日再战！

●OICQ名言录

OICQ 实质上是一种病毒，全称是："Oh，I stick you!"（噢，我粘住你了！）

治疗药物是 CTW(Close the windows)。

如果你有一个账号，你是值得信赖的；如果你有两个账号，你是值得尊敬的；如果你有两个以上且性别不同的账号，恭喜你，你可以自己和自己谈恋爱了。

在聊天室里，看不懂的地方我会相信；看得懂的，我一点也不信。

一个重度 OICQ 中毒患者，一天要说（打）100 句"我爱你"，300 句"对不起"，500 个"：p"，以及不计其数的"你好，你有空吗"。

生产关系与生产力的发展成反比。反映在 OICQ 上，生产关系是"好友"的数目，生产力是打字速度。

聊天室：对于新鲜事物的不断追求使聊天室几乎成为上网后的必修课。有人把这里当成了"自闭症"的理疗室，还有人在这里期待一张旧船票。

死机：电脑有时会像人一样发呆，基本上是因为不满足主人的刻薄待遇。

●QQ狂人10大特点

人们把经常上网聊 QQ 人的叫作 QQ 狂人或 QQ 虫，他们基本有以下特点：

1. 经常无意识地在脑子里听到一种短促的咳嗽声，他（她）知道这是"系统消息"的声音，每逢此时便激动不已。还有一种酷似 BP 机的叫声更能刺激其神经，即使走在大街上，只要听见"嘀、嘀、嘀"的叫声，他（她）也会不自觉地四处搜寻那围着红围巾的胖企鹅。

2. 长期伏案作业，虾背弓腰，他（她）的体形与那只胖胖的企鹅越来越接近，而一旦有人提醒其要注意时，他便翻脸不认人，说人家管闲事，胖有啥不好，难道都要长成电线杆才好看。

3. 他（她）无法忍受普通网页"静"得吓人的面孔，但只要一看见那一行行歪瓜裂枣的汉字在不停地向屏幕上方滚动，便像蚊子见血、斗牛见红一样一下子好斗起来。

4. 他（她）差不多有半年多没看电视了，不过偶尔在《动物世界》看到介绍南极的节目，便会有一种异样的感觉，在他眼里，那一只只摇摇晃晃行走的不是企鹅，而是满屏打开聊天程序的图标。

5. 他（她）的聊友遍天下，打开通讯本，起码有500个聊友登记在案，男女老少谁也搞不清楚。他（她）憎恨写信、打电话，甚至面对面的交谈，认为不花钱的聊天毫无价值，只有在金钱以分钟为单位计算哗哗外流的情况下，才可能灵感迸发，妙语连珠。

6. "相逢何必曾相识"。在语音聊天室里，能抢到发言权，就跟到中央电视台去主持节目一样难，所以，这样的机会谁都不会放过，说些啥好呢？千言万语涌上心头，热火朝天的语音聚会开始了……

7. 他（她）注册了一大堆QQ号码，以便在需要的时候向其聊友或论敌发起轮番进攻，搞得他们莫名其妙，不知什么时候得罪了这么多路神仙。

8. 打开书看不下去，拿起笔写不出字，面对多年的老友也没有谈兴，几近于失语，但当坐在电脑前，却无论如何也抑制不住交流的冲动。

9. 他（她）朝思暮想早中大奖，幻想不用做什么便有足够的钱来支撑上网费用，交遍天下聊友，在聊天室里恣意纵横，一直聊到所有聊天室关门大吉为止。

10. 老师找他（她）训话，责问最近成绩咋这么差，他（她）瞟了老师一眼回答说，有什么事情今天晚上在"学校纵横"聊天室里见。气得老师直跺脚，呵斥他（她）收拾东西立马走人。他（她）若无其事地耸耸肩答道：哼，有什么了不起，大不了再换一间聊天室。

● 《灌水格格》主题歌

灌到心破碎，也不去怪水，只因为灌水太美。
就算日日灌，夜夜灌，时时灌也不会累。
我埋头灌水，永不知疲惫，最怕斑竹让我一去不回，
即使封一次、封两次、封十次都无所谓……

●灌水"大宝"版

最近你气色不错啊!

我呀,天天都去bbs灌水!

又用我的ID灌水呀,你的呢?

我的都让我老爸用了!我跟他说你也到门户网上看看,哎,人家就认准bbs了!

bbs啊,不错!新闻又多,又新潮,我们一直在那儿灌水!我们这个年纪的,没事天天打游戏;有了这bbs,嗨!还真对得起咱这电脑!

bbs呀,明天灌!bbs啊,天天灌!

摹仿小行家
摹仿篇

●网络铭

网站不大,概念先行。人气不旺,广告则灵。斯是陋网,烧钱即名。上拿死大颗,向股民取金。谈笑有网络,牛皮皆精英。可以引疯投,骗人心。无故习之约束,有热情之网民。××的新闻,××的引擎。文厨曰:"何陋之有?"

附:原版《陋室铭》(作者:刘禹锡)

山不在高,有仙则名。水不在深,有龙则灵。斯是陋室,惟吾德馨。苔痕上阶绿,草色入帘青。谈笑有鸿儒,往来无白丁。可以调素琴,阅金经。无丝竹之乱耳,无案牍之劳形。南阳诸葛庐,西蜀子云亭。孔子云:"何陋之有?"

●《大腕》同学聚会版

想靠打电话找到同学的那都是糊涂蛋。

联系同学应该上网。

分不清主次就办不成事。

找同学靠什么? QQ号!

QQ要是全，找的同学也全。

你要是有所有人的QQ，另外天天上网，

多了我不敢说，我能保证你找到90%的同学。

真的，

我说的可都是事实呀!

一定得搞一次同学聚会。

找最上档次的饭店，

再选一个大伙都方便的日子。

同学请的越多越好，

最起码得来五十人。

什么在国内的，出国外的，

只要还在地球上就都叫来。

打个的把teacher也请来。

一进门甭管啥事先说一句："谢谢大伙还能想着我。"

越哆越好，

倍儿有面子!

上菜就上最好的，

人工饲养的动物一概不要。

要就要天上飞的、水里游的，

就一个字：贵!

一杯茶水就得十多元钱。

聚会时喝酒是重点，

不是喝啤酒就是喝白酒，

你要是端雪碧来和大家碰杯，

都不好意思和别人搭话儿。

就这么一个聚会你说每人得拿多少钱?

我觉得怎么也得五十吧?

五十! 刚够零头!

二百元起，每位!

你别嫌贵，还不打折。

你得研究参加聚会同学的心理，

能掏五十来参加的，根本不在乎多掏二百。

什么叫同学你知道吗？

同学就是不管出多少钱，只要开心热闹就行的人。

所以我们搞同学聚会的宗旨就是：只求热闹，不图省钱！

●出师表——新班级

立荣教学未半而中道回家，今年级分班，高一（5）疲弊，此诚危急之存亡之秋也。然班干部不懈于内，课代表忘身于外者，盖追立荣之殊遇，预报之于艾焰也。诚宜好好学习，以光先师遗德，恢弘班级之气，不宜妄自菲薄，不思进取，以塞高考之路也。

班中家中，俱为一体，复习预习，不宜异同。若有上课睡觉及为揭发者，宜付班主任论其刑赏，以昭先师平明之理，不宜偏私，使内外异法也。

班干部，学习委：温××、林×、李×等，此皆良实，志虑忠纯，是以班主任简拔。愚以为班中之事，事无大小，悉以咨之，然后施行，必能裨补缺漏，有所广益。

课代表王××，性行淑均，晓畅数学。试用于昔日，先师称之曰能，是以众议举其为课代表。愚以为作业之事，悉以咨之，必能使同学和睦，作业收齐。

亲文科，重理科，此先高一（5）所以兴隆也；亲文科，远理科，此后高一（5）所以倾颓也。先师在时，每与我论此事，未尝不叹息痛恨于代数也。数学、物理、化学、生物，此悉理科重要之项，愿同学亲之信之，则班级之隆，可计日而待也。

我本平民，躬学于三中，苟全名额于五班，不求闻达于班主任。先师不以吾卑鄙，耐心辅导，三请吾于办公室之中，教我以学习之法，由是感激，遂许先师以驱使。后值倾覆，受任于败军之际，奉命于危难之间。尔来半月零两天矣。

先师知我聪慧，故临走寄我以重望也。受名以来夙夜忧叹，恐托付不效，以伤先师之明。故五点起床，伏案晨读。今数学以定，理科以足，将倾注精力，提升语文，庶竭驽钝，攘除疑惑，兴复文科，重当小强。

此吾所以报先师之职分也。至于斟酌损益，进尽善言，则林×、李×等之任也。

愿新师托我以考上南大之效，不效，则治我之罪，以告先师之托。若无兴德之言，则责林×、李×等之慢，以彰其咎。

吾亦宜自学，以咨诹善道，察纳雅言。深追先师嘱托，吾不胜受恩感激。

今考以定，成绩将发，不知所言。

牛在天上飞
吹牛篇

● 太帅了也有错

有次我走到街上，一群美女拦住我，问："你帅吗？"我说："我不帅！"回应我的是五个火辣辣的手指印，然后她们就一起上来打我，边打还边骂我虚伪；

第二次我走到街上，又一群美女把我拦住，问："你帅吗？"我记住上次教训，点了点头，说："我帅！"她们又一起来打我，边打边骂我太不谦虚！

第三次我走到街上，又一群美女围住我，问："你帅吗？"回想起前两次我的"下场"，我没回应，一扭身，刚想走，孰料她们将手里拎着的手提包一起疯狂地抢向我，其中扁我扁得最卖力的那个女生还破口大骂道："你小子帅得都拽成这样啦？！"

● 关于电脑的经典吹牛

我的cpu是我用一个电熔一个电熔焊接起来的。

可怜我昨天费了一个晚上的工夫，才用小刀在我的硬盘上刻了一个操作系统！

我昨天把我家的那台老式电视拆了，七拼八凑变成了一块显卡，赚了……

刚才我边吃苹果边上网，忽然就死机了，重启一下就发现操作系统就变成了macos。

昨天闲着没事，看着自己的显示器烦，随便找了块碎玻璃，几张马粪纸，又拆了一个收音机，组装了台液晶显示器，凑合用了。

我刚上学的时候，大家都用286，显示器也是单显，硬盘就更小的可怜了。我一想，这样不行，于是拆了个彩电的显示屏装在显示器上，单显变彩显了。我后来嫌硬盘小，于是回收了一千张5英寸软盘，把里面的芯全部拿出来，粘在了一起，于是一个1G多的硬盘就出来了。

我家里穷，买不起电脑，现在只能拿这个5块钱买的计算器改成电脑上网。缺点是屏幕小，但是原来的计算器是太阳能的，我保留了这个功能。穷啊，将就吧。

我只是把电视遥控器加了个摄像头当新款手机凑合着用。

我今天下午好不容易抓住一只老鼠，注入芯片把它弄成了一只鼠标。

家里上网速度太慢了！我从旧货堆里找了些废弃的电线做了一条千兆单模光缆和电脑直接连起来！现在40集的电视剧一秒就搞定了！

昨天我把自己的猫超了一下频，今天早上起来发现我们这个社区的耗子全没有了。

最近机器老是死机，打开机箱一看，散热片都快化了。于是俺情急之下，把俺家老电风扇上的马达拆下来安了上去。通电一看，嘿嘿，转的真快，测了一下转速，50万转／秒。温度才0.5度。呵呵。这回可不用担心了！

我家电脑的猫坏了，于是就把我家花花塞到一个盒子里插根电话线上网，一拨号就是喵喵喵的响，而且不用电，每天往盒子里塞条鱼就行。

我从来就不用杀毒软件，我的网卡是放在醋里面的。

●冷热吹牛

学生A：“我们国家的冬天冷极了，只有在奶牛肚子下面放上加热器，才能使挤出来的是牛奶，而不是冰淇淋。”

学生B：“那算什么。我们国家的夏天才叫热呢，我们不得不给母鸡一直扇扇子，否则它们下出来的蛋直接就是熟的。”

●谁的楼房高

两个不同国家的学生，都在吹嘘自己国家的楼房高。

甲说：“站在我们国家的高楼上，随手就可以扯下一片云彩来擦桌子。”

乙说：“这还叫高吗？在我们国家，有一次，一个婴儿从高楼上摔下来，等他落地时，已经是白发苍苍的老人了。”

●伟大的父母

小A：“我爸爸就是伟大，你知道吗，太平洋就是他挖出来的！”

小B：“这有什么稀奇的！死海就是我妈妈打死的，你知道吗？！”

●大雾

学生A：“伦敦号称雾都，那可是世界上雾最大的地方。”

学生B：“不不，我可到过一个比伦敦雾更大的地方。”

“什么地方？”

“雾实在太大了，没看清。”

●冻住了

两个学生围绕天气问题发生了争论。

一个说：“听说A国天气比B国天气要冷得多，当山兔向高处跳跃时，会因为被冻僵而悬在半空。”

另一个说：“哪有这回事？！根据万有引力定律，这是绝不可能的！”

“这你可就不知道了，因为天气太冷，所以那里的万有引力定律都被冻住了。"

●吹牛比赛

在学校的吹牛比赛上，小Ａ说："我一会儿造出春天，一会儿造出冬天。"

小Ｂ："这话怎么讲?"

小Ａ："你看我的脸。当我微笑时，就是一个春天；当我愤怒时，就是一个冬天。"

小Ｂ不服气："那算什么。我能一手端着天，一手拿着地。"

小Ａ："有什么根据?"

小Ｂ："容易极了。天不就是包在地球表面的一圈大气层吗? 从地表开始到上面有云在的地方，再到更高的大气层里，其实这就是天。我只要一手按着地，一手高高举起，不就成了一手端着天，一手拿着地吗?"

●古人的高科技

小Ａ和小Ｂ正为自己国家的历史更为悠久、科技更为发达而争辩。

小Ａ："考古学家在我们国家的古城里挖出了旧石器时代的电线，这说明我们国家几千年前就已经有电话了。"

小Ｂ迟疑了一下，但是很快就微笑地说："在我们的国家，考古学家也曾去挖掘过，但不管他们挖得多深，从来都没有发现过电线。很显然，我们的古人是用无线电通讯的。"

●香肠

一个Ａ国学生和一个Ｂ国学生久别重逢，然后就忍不住开始互相吹牛了。

Ａ国学生说："在我们Ａ国，发明了一种机器。只要把一头猪推进去，然后再转动机器，香肠就从另一边源源而出，省了许多中间加工步骤，方便极了。"

Ｂ国学生不以为然地说："这种机器在我们国家早就改进了。如果生产出的香肠不合口味，只要倒转机器把手，一头猪又会从原来的入口处退出来。"

●最高的桥

两个学生互相吹嘘自己国家的桥更高。

一个说:"在我们国家的那座高桥上,一个人如果想跳下去,得10分钟才能落水呢。"

"这算什么!"另一个说,"在我们国家的那座桥上,一个人如果跳下去,你猜他是怎么死的?"

"摔死的呗。"

"才不是。他是——饿死的。"

●最快的火车

三个学生在一起吹嘘他们国家的火车如何如何地快。

一个说:"在我们国家,火车快极了,坐上火车后,路旁的电线杆看起来就像花园的栅栏一样。"

另一个学生急忙接过去说:"我们国家的火车真是太快了!当火车跑起来,工人得往车轮上不断地泼水,不然车轮就会变得太热,甚至被熔化。"

"那有什么了不起。"第三个学生不以为然,"有一次,我在国内旅行,我的同学到车站送我,我刚坐好,车就开动了,我连忙把身子探出车窗去和同学握手,不料却握到了几公里外的一个人的手。"

●大大的水果

一个学生出国回来后,向朋友炫耀他在外国果园参观的经历:"在那个国家,橘子看上去简直像足球,香蕉像铁塔……"

正在他吹牛的时候,不小心跌倒在身边的一个西瓜上。他的朋友毫不客气地喊道:"当心我的葡萄!"

●近路

小A对小B吹嘘说:"我哥哥跑得可快了,在学校运动会上,他用一分钟就跑完了2 000米!"

"吹牛!不可能,这比世界纪录还快呢!"

"怎么不可能,我哥哥知道一条近路。"

●到处都是的油井

在一个盛产石油的地方，那里的孩子们是这么吹牛的——

一个说："我家的后院就有一口油井。"

第二个说："那有什么了不起。我家的厨房里就有一口，做饭都是直接在油井上点火的。"

第三个沉不住气了："那也不算什么稀奇，我家的汽车后面还有一口油井呢。所以，我家的汽车永远也不需要加油。"

●高个子

一天晚上，哥哥和弟弟没事干，就互相吹起牛来。

哥哥说："我现在有恐高症，不敢低头看自己的脚，我的个子实在是太高了。"

弟弟说："那算什么。今天我在外面坐着看书，突然有什么东西从我耳边飞过。我一看，原来是一架飞机！"

●深湖

在一个风景旅游区的湖边，一个游客问当地的一个孩子："这湖深不深？"

孩子回答说："深不深？我不知道。不过，几个月前，我一个同学掉进了湖里，前几天才收到他从国外一个地方寄来的明信片，说需要过冬的棉衣呢。"

●游泳健将

"你会游泳吗？"

"没问题，我肯定比你游得好。我曾见过一个人游上了尼加拉大瀑布，你听说过吗？"

"听说过。那人就是我。"

●好大的脸

小A对小B说："我昨天看见一个大鼻子的人，他过江的时候，身子还没有上船，鼻子就已经到了江对岸。"

小B接着说："我昨天看见一个脸长的人，他去年哭出一滴眼泪来，到现在才流到嘴边。"

●牛皮鼓

小A说："我家有一面鼓，敲起来，百里以外都可以听见声音。"

小B说："我家有一头牛，在江南喝水，头可以伸到江北。"

小A："哪有那么大的牛?!"

小B："没有那么大的牛，哪来那么大的牛皮来蒙你的鼓?"

●节约的爸爸

一、

三个孩子都在谈论谁的爸爸最节约。

一个说："我的爸爸为了节约墨水，无论写什么字，都写得像蚂蚁一样小。"

另一个说："我爸爸为了减少手表的磨损，一到天黑就不让手表走了。"

第三个说："我爸爸为了不费眼镜，什么字都不看。"

二、

有两个孩子比赛吹牛，看谁的爸爸最节俭。

一个说："我爸爸的扇子已经用了20年了，他把扇子撕成4份，每份用5年。"

另一个说："这是小儿科。我爸爸的扇子已经伴随他一生了。他每次用扇子的时候，都是把它摊开放在鼻子下面，然后摆动脑袋。"

●巨人

三个国家的三个孩子都在吹嘘，说自己国家有身材最高大的巨人。

一个说："我们那儿有个巨人，站起来，头顶屋梁，脚踏屋地。"

另一个说："那不算高。我们那儿的巨人，他不用站起来，只要坐着，头就能顶到屋梁。"

接着，又一个孩子说："你们说的都不算高。我们那儿有个巨人，他张开嘴，上唇顶屋梁，下唇贴地皮呢。"

●了不起的爸爸

小A说："我爸爸是船长，全船人都要听他的指挥。"

小B："那有什么，听我爸爸指挥的人才叫多呢。连市长都要听他的。我爸爸叫他坐着不要动，把头低下来，市长就得乖乖照办。"

"你爸爸是干什么的？"

"理发师。"

●博学多才

小A："我这个人博学多才，上知天文，下知地理，古今中外，无所不知，无所不晓。简直就是一本活着的百科全书。"

小B："那我请教你一个问题：是先有鸡，还是先有蛋？"

小A慢条斯理地答道："不好意思，我这个百科全书缺了一角，就缺这个问题。"

●10分钟建筑

一个美国少年在法国旅游。

在出租车上，经过凯旋门时，美国少年问："这是什么？"

陪同的法国少年骄傲地回答道："这是凯旋门，我们花了40年才修好。"

"这玩意儿在我们美国，只要用10年就够了。"

经过爱丽舍宫时，美国少年又问："这是什么？"

法国少年又骄傲地回答："这是爱丽舍宫，我们用了20年才修好。"

"这玩意儿在我们美国，只要用5年就够了。"

经过埃菲尔铁塔时，美国少年又问："这是什么？"

法国少年这次回答道："不知道。10分钟前我从这里经过，这儿还什么都没有。"

葡萄干

一个傲慢的学生去观光，当他经过一片田地时，就指着地里的西瓜问："这是葡萄吗？"

这时，一个孩子回答说："开什么玩笑。哪有这么小的葡萄，这是葡萄干！"

●证据

小毛向他的同学炫耀说："我爸爸非常聪明。他不会游泳，有一次，他不小心掉进水里，眼看就要有生命危险，他急中生智，抓住游在水里的两条鱼，这才安全地上了岸。"

同学们都不相信，纷纷让他拿出证据。

"难道还需要证据吗？"小毛不解地说，"我爸爸现在还好好地活着，这不就是最好的证据吗？"

●吹牛

课堂上，一学生文思泉涌，他在作文中写道："……那天下大雨，我见一头牛被淋得奄奄一息……见状，我及时给那头牛做了人工呼吸，经过几小时的努力，那头牛终于被救活了……"

老师看后批道："这就是传说中的吹牛？"

●最大的东西

小A："你拥有的最大的东西是什么？"

小B："说来话长。有一天，我在博物馆看见了一具古代的恐龙化石，非常喜欢。后来，我就经常在夜里从博物馆的窗户钻进去，每天给它加一点血、肉、心、肝……最后它终于活了，现在我一直把它当宠物养着。怎么样，这个够大吧？"

小A："还可以吧，远没有我的房子大。我的房子最东边在下雨时，房子的西边是在出太阳。我常常在一边晒足了太阳，然后到另一边去淋淋雨。舒服极了。"

活宝小精灵
笑话篇

●分担痛苦

老师："怎么解释'与人分担痛苦，会使痛苦减半呢'？"

学生："如果我爸爸揍我，我就揍他的猫。"

●长相

老师布置了一道题：请用四个字概括自己的长相。

卷子收上来后，学生们的答案分几种：

批判主义派的答案有：偶尔正确、惨不忍睹、我恨苍天、我想来世等。

写实主义派的答案有：两栖动物、猩猩他哥、人猿盗版，返祖现象等。

现代派的有：鬼斧神工、问我老妈等。

而唯一的一份超现实主义派的答案是——竟然是人。

●句式转换

老师："请把'马儿跑了'这句话转换成疑问句。"

小毛："马儿会跑吗？"

老师："正确！很好！现在把它转换成祈使句。"

小毛："驾！"

●挂钟

学校里有间教室，里面的挂钟有问题，只要被东西敲到就会愈走愈快，敲一次就快5分钟。

一天老师上课，发现同学们都趁他在黑板上写字的时候用橡皮丢挂钟，但老师却不声张，依旧按钟点上下课。没过多久，期末考试到了，大伙都埋头考试，只见老师拿着黑板擦在那儿练习丢钟。

●人身保险

老师讲到被保险人与受益人的关系问题，为了更形象一点儿，他举了个例子："比如说我投了人身保险，有一天我不幸被车撞死了，你们师母就可以获得赔偿金。她就是受益人，那么我是什么人？"

一个同学回答道："死人。"

●保险措施

化学实验的作业刚发下来，同学们争看老师的评语。只听甲拿起乙的念起来："当浓硫酸滴到皮肤上时，应先用布擦干，再用大量的水冲洗，再用布擦干，再喷上些香水，再涂上一层玉米油护肤膏。"

老师批示道："还要不要桑拿、按摩？"

●家庭作业

下课后，老师对学生说："让你爷爷来学校一趟。"

学生问："老师，不需要叫我爸爸来吗？"

老师："不，叫你爷爷来就可以了。我要告诉他，他儿子在你的家庭作业里做错了一些题。"

●数到一百再说

上课了。老师背靠火炉站着，对学生们说："说话前要三思，起码数到五十下，重要的事情要数到一百下。"

学生们争先恐后数起来，最后不约而同地爆发出："九十八、九十九、一百。老师，您的衣服着火了！"

●鲜花怒放

老师问："蜜蜂给花园增加了生气是什么意思？"

一学生答："蜜蜂偷花，花儿生气呗！"

大家听了哄堂大笑。学生辩驳道："要是鲜花不生气，哪来的'鲜花怒放'呢？"

●四品

考试结束后，四个同学在一起诉起苦来。

甲说："我语文课考得不好，老师说我是废品。"

乙说："我体育课跟不上，老师说我是次品。"

丙说："我政治课不及格，老师说我是危险品。"

最后，丁吞吞吐吐地说："我历史学的不好，老师说我是赝品……"

妙解

一次语文课上，老师向同学们解释"惊惶失措""不知所云""如释重负""一如既往"四个成语。

恰巧，某学生正在呼呼大睡。老师一拍桌子，该生顿时坐起来，拿起书便看，老师说："这便是惊惶失措。"接着，老师让他回答问题，他站起来支支吾吾了半天。这时老师说："这便是不知所云，请坐！"这位同学长长地舒了一口气坐了下来。老师又说："这便是如释重负。"等老师走上讲台，那同学又趴下睡觉。老师猛一转身，指着他说："这便是一如既往。"

● 宿舍别解

小雷带着一个来找他的同学参观新学校宿舍，他指着路左边的宿舍楼群说："这是女生宿舍区，叫织女星系。"又指着路右边的宿舍楼群说："那是男生宿舍区，叫牛郎星系。"又指着脚下的路说："这条路叫银河路。"

这时，主管学生宿舍的女老师面无表情地经过，小雷悄悄地说："这位是王母娘娘。

● 怎么办

父亲带着小儿子来到动物园里的老虎笼前。

父亲向儿子讲述老虎有多么残暴、凶猛，儿子面容严肃地用心倾听。

"爸爸，"儿子最终说道，"如果老虎冲出笼子并且要把你给吃了……"

"那，那……怎么办，儿子?"父亲满怀期待地问。

"那么，我该乘哪路公共汽车回家?"男孩扬起脸来反问他的父亲。

● 紧张

某生参加朗诵比赛，朗诵文章的题目是《枫叶红了》。因为是第一次上台，所以紧张非常。上台后，开口便是："大家好，我朗诵的题目是——红叶，疯了……"

● 区别

生物课上，老师提问："青蛙和癞蛤蟆有什么区别?"

学生回答："青蛙是保守派，坐井观天；而癞蛤蟆是革新派，想吃天鹅肉。"

●酷老师

某老师以"酷"闻名，具体如下。

第一次上课，他当众宣布："上我的课，你们可以很轻松，要吃早餐的可以，但要吃得有营养，基本上除了牛排，我不想看到有人在吃别种食物；要睡觉也可以，但是一定要盖棉被……"

同学大笑。

老师继续："我唯一比较在意的是，手机一定要关机，因为我绝对不允许有人打扰那些正在睡觉的同学。"同学又大笑。

●快上

早上赶公交车，好不容易等来一辆，可是人太多，前门根本挤不上。我只好在前门刷卡，准备从后门上，可结果后门也挤不上来。司机一脸苦相地和我商量："我先发动车，慢点开，你跟在车后面跑。"我纳闷：这算什么办法啊？可也没有其他方法，只好跟着跑。

眼看着车开出大概有十来米远，突然司机来个急刹车，车上的乘客全部倒向车的前面，后门一下子腾出好大一块地方。这时司机冲后门的我喊道："孩子，快上！"

百兽也发笑
动物篇

●动物真实语录

蜜蜂：这世界上贪占别人的"甜头"的人实在是太多了，我是不得已才配备这杆"枪"的。

羊：同胞们，请注意，当一匹狼向你大谈仁义道德时，它肯定是要参加竞选了。

蛇：明知我是冷血动物，还妄想用温情来感化我，不给点教训怎么行？

老鼠：己所不欲，勿施于人。人们厌恶欺骗，为什么却要在我等出没的地方布上老鼠夹呢？

臭虫：我抗议，我要控告，你们人那么看重自己的名声，为啥给我取这么个臭臭的名字？

金丝雀：我的身价嘛，你从笼子的装饰上就可以看得出来的。

猫头鹰：要是凭发言来评先进，我这一辈子怕是与先进无缘了。

蜈蚣：数数我有多少条腿吧，马才四条腿，我就不信它能跑得过我。

蜗牛：我最反感高速公路，你们算过没有，那上面每天得发生多少起交通事故！

乌鸦：人最虚伪最脆弱，自己心虚，却怪我这张嘴不吉利。

猪：甘于被人喂养的下场是：谁先肥起来谁倒霉。

老虎：谁说我威风八面，我的皮常常被人拿去做大旗呢！

蚊子：人最爱唱高调，口口声声讲奉献，我才吸了他们那么一丁点儿血，他们就不干了。

狐狸：我是骗过乌鸦口里的肉，可是说到底，真正骗了乌鸦的是它自己的虚荣心。

马：谁说先有伯乐后有千里马？千里马是靠自己跑出来的，不是靠伯乐封出来的。

狗：守了一辈子的门，得出一个经验：陌生人献给你的殷勤里，往往包藏祸心。

黄鼠狼：都怪我手下的那些鸡，眼看着我腐败下去，没有一个站出来勇敢地监督我。

啄木鸟：我虽然也是全靠一张嘴来工作，但我可以自豪地说，我从来没有说过一句空话。

蜘蛛：守好这张"网"，咱一辈子就吃喝不愁了。

狗：猫失职，才让我改行来抓耗子。

鱼：明明知道有人在垂钓，仍然免不了接二连三地上钩。唉，究竟是什么蒙蔽了我们鱼的心灵呢？

●动物经典哲言录

蚯蚓：世界上本没路，钻营得久了也就有了路。

螃蟹：走自己的路，让别人说去吧。

老鼠：适者生存。

苍蝇：世界是从来就不缺少蛋缝，缺少的是发现蛋缝的眼睛。

鸡：脆弱啊，你的名字是蛋。

黄鼠狼：先有鸡还是先有蛋，这，是个问题。

蜘蛛：天网恢恢，疏而不漏。

蚕：世界上没有两片相同的桑叶。

龟：你不可能两次踏入同一条河流。

鹬：精诚所至，金石为开。

蚌：关好自己门，管好自家人。

●禽言兽语

虎的转变：谁敢摸我的屁股？不想活了！什么？给钱？这还差不多！

蛤蟆的理想：等我发了以后，一定天天吃天鹅肉。

鼠的窃喜：我们过街，人人喊打？其实有几人真打？不过喊喊罢了。

龟的梦想：参加赛跑的兔子都骄傲。

鳄鱼的抗议：都说我凶残，那人们使用的鳄鱼皮具是怎样来的？

蜗牛的遗嘱：如今这年头，有座自己的房子多难啊！不珍惜行吗？

母鸡的秘诀：光下蛋不行，还要会吆喝。

狼的恼怒：我和狈好招谁惹谁了？

狮的反思：如果我不当兽王，我还能干些什么？

鹦鹉的委屈：不学人话没饭吃啊！

熊猫：哈哈，想要风光吗？学我爷爷奶奶他们啊，熊和猫结婚。

恐龙：不好意思，死得太早了，让你们伤脑筋了！

袋鼠：唉，没钱，口袋再大也还是鼠！

老鼠：唉，成天为了点儿吃喝担惊受怕的，能不老吗？

苍蝇：我和蜜蜂的最大差别在于口味不同。

蜈蚣：为了省钱，我从来不穿鞋。

鱼：打死我也不去什么网吧！

萤火虫：谁要学放电？

乌贼：满肚子墨水居然也会是贼吗！

蝉：哼！不买票就别怪我乱唱。

● 一只鸡的附产品的转变历程

一个鸡蛋去茶馆喝茶结果它变成了茶叶蛋；

一个鸡蛋跑去松花江游泳结果它变成了松花蛋；

一个鸡蛋跑到了山东结果它变成了卤（鲁）蛋；

一个鸡蛋无家可归结果它变成了野鸡蛋；

一个鸡蛋在路上不小心摔了一跤倒在地上，结果它变成了导（倒）弹；

一个鸡蛋跑到人家院子里去了，结果它变成了原子（院子）弹；

一个鸡蛋生病了，结果它变成了坏蛋；

一个鸡蛋结婚了，结果它变成了混蛋；

一个鸡蛋跑到河里游泳，结果它变成了核（河）弹；

一个鸡蛋跑到花丛中去了，结果它变成了花旦；

一个鸡蛋骑着一匹马拿着一把刀，原来它是刀马旦；

一个鸡蛋滚来滚去，越滚越圆，结果就变成了圆蛋——可以作为元旦礼物哦。

一个鸡蛋被吃剩半边，结果它变成了剩蛋——做圣诞礼物最好不过了。

● 如果动物也是球迷

蚊子：凡是夜里光膀子看球的球迷俺们就不叮！爱咋咋地！

耗子：跟猫商量一下，世界杯期间别宵禁了行不？

蚂蚁：看球赛期间，欢迎手舞，切勿足蹈！

公鸡：晚上看球喊上几声也是难免的，如有打扰，请多见谅！

眼镜蛇：为了看球，我得换一副清楚点的眼镜啦。

鹦鹉：带我去德国看球吧，我给你当翻译行不，不是和您吹呀，我会好几国德国话呢！

屎壳郎：我建议将足球整大点，以我的经验，足球还是滚起来精彩！

鱼：上哪能买到防水的电视机呀，马上可就有球赛了呀！

刺猬：大哥，您看我这头型，像球星不？

驴：如有可能，晚上有球赛时请本着人道主义精神在白天少给俺们安排点活儿。

猴子：俺们这里给您提个醒，世界杯期间，请分清马路信号灯，也许所谓的红灯，正是俺们的一个哥们在电线杆上看免票球赛呢。

母鸡：我要下两个有世界杯吉祥物标志的蛋。

● 冤枉的兔子

小白兔在森林里散步，遇到大灰狼迎面走过来，上来"啪啪"给了小白兔两个大耳刮子，说："我让你不戴帽子。"小白兔很委屈地撤了。

第二天，她戴着帽子蹦蹦跳跳地走出家门，又遇到大灰狼，他走上来"啪啪"又给了小白兔两个大嘴巴，说："我让你戴帽子。"

兔兔郁闷了。思量了许久，最终决定去找森林之王老虎投诉。

说明了情况后，老虎说"好了，我知道了，这件事我会处理的，要相信组织哦"。当天，老虎就找来自己的哥们大灰狼。"你这样做不妥啊，让老子我很难办嘛。"说罢抹了抹桌上飘落的烟灰："你看这样行不行哈？你可以说，兔兔过来，给我找块儿肉去！她找来肥的，你说你要瘦的。她找来瘦的，你说你要肥的。这样不就可以揍她了嘛。当然，你也可以这样说。兔兔过来，给我找个大活人去。她找来胖的，你说你喜欢苗条的。她找来苗条的，你说你喜欢胖的。可以揍她揍的有理有力有节。"大灰狼频频点头，拍手称快，对老虎的崇敬再次冲向新的颠峰。不料以上指导工作，被正在窗外给老虎家除草的小白兔听到了，心里这个恨啊。

次日，小白兔又出门了，怎么那么巧，迎面走来的还是大灰狼。大灰狼说："兔兔，过来，给我找块儿肉去。"兔兔说："那，你是要肥的，还是要瘦的呢？"大灰狼听罢，心里一沉，又一喜，心说，幸好还有 B 方案。他又说："兔兔，麻利儿给我找个大活人来。"兔兔问："那，你是喜欢胖的，还是喜欢苗条的呢？"大灰狼沉默了 2 秒钟，抬手更狠地给了兔兔两个大耳刮子："我让你不戴帽子！"

●一百个小面包

小白兔蹦蹦跳跳到面包房，问："老板，你们有没有一百个小面包啊？"

老板："啊，真抱歉，没有那么多。"

"这样啊……"小白兔垂头丧气地走了。

第二天，小白兔蹦蹦跳跳到面包房："老板，有没有一百个小面包啊？"

老板："对不起，还是没有啊。"

"这样啊……"小白兔又垂头丧气地走了。

第三天，小白兔蹦蹦跳跳到面包房，"老板，有没有一百个小面包啊？"

老板高兴地说："有了，有了，今天我们有一百个小面包了！！"

小白兔掏出钱："太好了，我买两个！"

古事翻筋斗
历史篇

●三国名人们的理想

曹操的理想：

天下子民皆姓曹，军队多得不想要。刘备不再唱反调，孔明明天变傻帽。

孙权的理想：

大乔不再跟我闹，曹操再来被我烧。关羽明天死翘翘，荆州重回我怀抱。

刘备的理想：

天下人人说我好，阿斗不再冒傻泡。献帝明天下血诏，叫我起兵扁曹操。

诸葛亮的理想：

老婆整容梦里笑，装酷要把羽扇摇。魏延反骨天天敲，司马变成大人妖。

关羽的理想：

天下猛将入我刀，孙权吕蒙进我牢。诸葛村夫被我笑，还要大哥复汉朝。

张飞的理想：

曹操见我想求饶，孙权见我吓跑掉。百姓见我都说好，孔明说我不傻帽。

●三国变相事件

草船中

鲁肃："这样真的可以借到箭吗，孔明先生？"

诸葛亮："相信我。"

鲁肃："可是我还是有些担心……"

诸葛亮："没必要。"

鲁肃："可是，你不觉得船里越来越热么？"

诸葛亮："这么说起来是有一点，有什么不对劲吗？"

鲁肃："是啊，我担心敌人射的是火箭……"

诸葛亮："哎？！子敬，你会游泳么？我不会呀。"

梅林外

众士兵："渴……渴……"

曹操："大家再坚持一会！我曾经到过这个地方，记得附近有一座梅林，再走一会可能就到了。"

众士兵："噢，有梅了吃呀，噢！"

半个时辰后，曹仁："主公！探险队找到了大量的水源！"

曹操："哈哈哈哈，大家听到了吗？终于有水喝啦。"

众士兵："不去……一定要找到梅子……"

长坂坡

曹洪："丞相你看！那个敌将又杀回来了！"

夏侯惇："今天已经是第七次了吧，他不累呀？"

曹操："可恶，一定要把我的人马全部杀光才肯罢手么？！"

在乱军中奋战的赵云："张飞让我殿后又不给我地图，长坂桥到底在哪里呀？！"

三江口

孙尚香："是丁奉和徐盛的人马，一定是哥哥派他们来追杀我们！怎么办，老公？"

刘备："哦，离开荆州时军师曾给过三个锦囊，已经用了两个，现在该是用第三个的时候了，子龙，打开锦囊！"

赵云："是。（打开）哦？里面装着一件蓝色紧身衣和一件红斗篷！"

刘备："难道……"

赵云："还有张字条呢……'变成超人，可退敌兵'……"

东吴侯府

刘备："皇天在上，厚土在下，若刘备能返回荆州，成就霸业，一剑挥石为两段！"

"咔！"石断。

孙权："皇叔你在做什么？"

刘备："嗯……哦，我刚才向天问卦，若能破曹兴汉，剑砍石断。果然如愿呀，哈哈哈哈……"

孙权："少跟我装！砍坏了我们家的假山还跟没事儿一样？"

●歪解孔子的补习收费

孔子的补习收费如下：

三十而立：缴三十两者，只能站着能听课。

四十而不惑：缴四十两者可以发问，直到你没有疑问为止。

五十而知天命：缴五十两者，可以知道明天小考命题的题目。

六十而耳顺：缴六十两者，考试时，老师可以在你耳边提醒答案，直到成绩考好为止。

七十而从心所欲：缴七十两者，上课要躺、要坐，或来、或不来上课，都随便你。

附：原文及正解

子曰：吾十有五而志于学，三十而立，四十而不惑，五十而知天命，六十而耳顺，七十而从心所欲不踰矩。

孔子说：我十五岁时，便立定志向于学习之上；三十岁时，能立身处世；四十岁时，可以免于迷惑；五十岁时，已经能够领悟天命；六十岁时，就可以顺从天命；七十岁时，终于能做到随心所欲而行，且所为都能合于规矩的境界了。

就思想境界来讲，整个过程分为三个阶段：十五岁到四十岁是学习领会的阶段；五十、六十岁是安身立命的阶段，也就是不受环境左右的阶段；七十岁是主观意识和做人的规则融合为一的阶段。在这个阶段中，道德修养达到了最高的境界。

油墨"笑"与"纸"
名著篇

●西游记之十大杰出青年

孙悟空：

作为中国历史上第一批飞行员的杰出代表，孙悟空经过长期的刻苦训练，最终练成了前不见古人后不见来者的飞行技术。创造出脚一离地便能飞出十万八千里的吉尼斯世界纪录，为国人争得了不少的荣誉。

蜘蛛精：

蜘蛛精是世界上第一个网站——西游网的缔造者和首席执行官，她最大限度地丰富了像猪八戒这样超级网虫的业余文化生活，使人们从封建文明一跃步入了网络文明。

唐僧：

连续数年当选由各国资深女记者评选的"世界最具魅力男士"。尤其受到诸如女儿国国王、琵琶精、玉兔精等成功女士的青睐。

铁扇公主：

由于其家传宝扇不仅帮助唐僧师徒扑灭了"火焰山森林大火"，而且为当地老百姓解决了高温酷热的生活问题，因此无可争议地获得了"诺贝尔消防奖"。

猪八戒：

凭借在好莱坞巨片《高老庄》中的精彩演出，猪八戒令人信服地打败众多著名演员，荣膺奥斯卡最佳男主角奖，开创了中国获此殊荣的先河。

哪吒：

哪吒用自己的聪明才智向人们展示了汽车的雏形，其脚踩风火轮便是最好的佐证。后人正是从中受到巨大的启发，才研制出了现在的汽车。

观音菩萨：

作为佛学院的高级讲师，观音以其高超的教学方法，将冥顽不灵的孙悟空、猪八戒、红孩儿等差生调教得服服贴贴，于是她成了全国教师竞相学习的榜样。

顺风耳：

顺风耳作为一名不起眼的小卒，不自甘平庸，不怨天尤人，而是一直默默地潜心研究声波原理，为后人发明电话提供了十分珍贵的第一手资料。

镇元子：

镇元子是一个年轻有为、经验丰富的农业学家，其栽种的人参果树味道甜美、营养丰富、可驱病强身，深受人们的喜爱。同时也为大家指出了一条种果树奔小康的金光大道。

嫦娥：

作为第一个登上月球的人，其丰功伟绩被人们广为传颂，为人类可以在月球上生活提供了活生生的例证。

●孔乙己读大学

话说孔乙己被丁举人毒打一顿以后，回到自己那只盖有几片破瓦的三角屋，心里可是越想越气，恨不得请出自己的老祖宗孔夫子老大人来替自己讨回公道。但是转念一想：自己怎么说也是一个男人，怎么可以随便求别人也哉？乙己神勇，天下无敌，自力更生，艰苦创业，君子报仇，十年不晚！于是发誓苦读诗书，希望有朝一日能功成名就，飞黄腾达，那时可以报丁举人那一顿毒打的闷仇。

三年高中下来，功夫不负有心人，孔乙己终于如愿以偿地考上了梦寐以求的大学。既然已经是大学生，那么涵养一定比以前高出许多了。所以也便认为报复丁举人实属小人之举——他孔乙己是什么人呢，何必跟他一个小小的丁举人计较那么多呢？丁举人听说后总是抽出一部分时间去向邻居宣传说孔乙己胸襟开阔，度量非同一般，将来一定可以做一品的大宰相，流芳千古。于是，孔乙己在丁举人等一系列富豪的大力支持下进入了他心中那美丽的大学。

一进大学孔乙己就发挥自己的特长，吟诗作赋，之乎者也遍地开花，逢人就炫耀只有我孔乙己一个人知道茴香豆的"茴"字有几种写法。同时，借着自己在网上发表了几首诗歌的资本加入文学社。没料第一次开会就发现文学社的社长是自己旧交阿Q先生。当时他真的高兴得不得了，心里嘀咕着：说不定阿Q会看在老朋友的面子上给他一个什么部长或者主编当当，让他也过把当学生官的瘾。但是据他仔细的观察，认真地分析，阿Q先生仿佛有点铁面无私包黑子的样子。事实也果然不出他所料，孔乙己什么官也没有捞到，小小的编辑都没有弄到手。孔乙己虽然气愤，心里直骂阿Q这小子忘恩负义，想当初阿Q在尼姑庵偷萝卜被抓住还是自己帮他解围的，今天他阿Q竟然忘掉自己了！

不久，文学部竞选副部长，孔乙己也参加了。会上先是阿Q先生对自己的光荣革命历史进行了一番动情的演说，比如，以前剪辫子是代表革命，现在留长发也是代表革命，总之，我阿Q是革了一辈子的命。可是孔乙己怎么老觉得阿Q的说法好像在篡改历史似的，几次欲加以纠正均被阿Q的一个冷眼神给压倒了。当然孔乙己是没有选上副部长的，因为无论他提出什么方案，阿Q均说错。散会后阿Q冷冷地对孔乙己说，叫你好好向大家学习，可你就是不听，以后再不礼貌的话可别怪我公事公办了！

可是孔乙己脑子就是不长记性，或许是心里的闷气太多了。老祖宗又曾经教导过他说：佛争一炉香，人活一口气。所以这口气不吐出来实在是枉活了几十年！终于在一天的全体大会上孔乙己把阿Q以前的丑事全都说了出来，什么偷了尼姑庵的胡萝卜，什么调戏良家妇女，等等。本以为群众的眼睛是雪亮的，这些事情足可以引起轰动，让大家对阿Q这小子有个清楚的认识，免得今后再受他的利用。可大家竟然怀疑地望着他，很是不可思议地说，孔乙己你怎么了，上次没有选中副部长也不用这样啊。回头看看阿Q先生，竟然泰然自若，双目眯成一条缝。再微微一笑却又马上收敛了笑容，一副正儿八经的样子说，孔乙己啊，我阿Q在社会上可是遵纪守法的大大地良民一个，决不调戏良家妇女的！在文学社则是向来秉公办事，这是大家知道的，孔兄你又何必污蔑我来泄私愤呢？孔乙己则气得肺都快炸了……

● 《野蛮女友》现场版

想必大家都看过《野蛮女友》吧？

其中有一幕是男主角带着口罩，拿着一束花走进教室，而女主角正弹着浪漫的《卡农》。

最后在众人的掌声中，女主角很感动地接受了男主角送她的花……

而类似的事也发生在我同学的身上，但却是一件笨事。

这位同学是那种很没胆量的人，他当时喜欢别的班级的一个女生，但一直不敢和她说。

我们一群同学决定激他一次，呛他说他不敢用"野蛮女友"的方式告白，

结果没想到他真的被激到了……

那天自习课的时候，他脱了校服，换了一套老爸的西服，扎着领带，拿着一束鲜花走进那女孩的教室……

一开始，教室里面的人似乎都被吓到了，该班的班长还很识趣地说："我们不接受推销……"

在他说明来意后，告白行动进入最终白热化阶段！

但笨事发生了——我们的女主角那天请病假没来上课……

食堂之歌

学生：师傅！

师傅：哎？

学生：鸡蛋面大的多钱一碗？

师傅：哦，五块三啊。

学生：加了鸡蛋怎么还吃不饱？

师傅：哦，没油水啊。

学生：都新社会了居然还吃不饱饭！

师傅：哦，找后勤那！

合：学生、师傅、后勤就是吉祥如意的一家……

学生：后勤！

后勤：嘛事儿？

学生：为啥食堂质量这么差？

后勤：噢，小孩别管！

学生：物价跌了质量咋不改善？

后勤：噢，也不是太烂！

学生：吃不饱饭我就跟你没完！

后勤：明天加份排骨看看！

合：学生、师傅、后勤就是吉祥如意的一家……

语录卷

幽默问答
经典篇

历史老师：清朝与唐朝审美观念有何不同？

学生甲：清朝美人如林黛玉——美人上马马不知。

学生乙：唐朝美人如杨贵妃——美人上马马不支。

历史老师：我们已学过《发明史》，你们谁能告诉我，30年前所没有的东西是什么？

学生：我！

历史老师：在人类发展史上，人从四肢走路进化到两肢走路，最大的优点是什么？

学生：可以省一双鞋子！

生物老师：青蛙和癞蛤蟆有什么区别？

学生：青蛙是保守派，坐井观天；癞蛤蟆是革新派，想吃天鹅肉。

历史老师：西安事变是谁发动的？

学生：郭富城和张学友

正解：杨虎城和张学良

语文老师：中国的煤都是……？铁都是……？

学生：黑的，硬的。

正解：抚顺，鞍山

历史老师：左忠毅公叫什么名字？

同学：左冷禅

正解：左光斗

历史老师：反映清朝官场腐败的著名小说是哪一部？

学生：《满清十大酷刑》

正解：《官场现形记》

历史老师：初唐四杰指的是哪几位？

学生：东邪西毒，南帝北丐。

正解：王勃、杨炯、卢照邻、骆宾王

语文老师："待人接物"这个成语怎么解释？

学生：就是待在家里，等待接受别人的礼物。

化学老师：硅和水生成什么？

学生：王八汤。

地理老师：人类征服北极对我们有什么意义？

学生：我们又要多背一道大题。

语文老师："太"就是至高无上的意思，如太上皇，太空等等。谁能再举个例子？

学生：太太。

语文老师：别人已经不感兴趣了，而他还是一个劲儿地讲下去的人，我们叫他什么？

学生：老师。

语文老师：如果你只有一天的寿命，你想去哪里？

学生：这天我将会留在学校，留在这个课堂。

语文老师：很感动！现在的学生难得如此好学！

学生：因为我在课堂上有度日如年的感觉。

语文老师：请把"我的哥哥去学校"这句话改写成将来式。
学生：我哥哥的儿子去学校。

语文老师：你能不能说出抒情小说和惊险小说的区别？
学生：一个姑娘披着长纱，在美丽的沙滩上漫步，这便是抒情小说。

老师：那么惊险小说呢？
学生：海水再涨高几尺，就变成了惊险小说了。

历史老师：有没有人知道史上得金牌数最多的人是谁？
学生：岳飞，12块……

语文老师：在我人生的字典里，没有"失败"这两个字。
学生：老师，把我的借给你。

历史老师：刘关张三结义供的是谁？
学生一：皇天后土。
学生二：炎黄二帝。
学生三：桃子。

生物老师：最简单的长寿秘诀是什么？
回答：保持呼吸，不要断气。

计算机老师：显示器画面不停地轻微抖动，有什么办法？
学生：你也不停地抖动，当你的振幅频率与显示器画面一致时，你就感觉不出来了。

生物老师：哪一种蛇生命力最强？
学生：三寸不烂之舌。（蛇）

语文老师：洗脸的叫脸盆，那洗手的呢？

学生：金盆。（金盆洗手）

语文老师：怎样才能使麻雀安静下来？
学生：压它一下。（鸦雀无声）

语文老师：怎样让鸭子不会飞走？
学生：插一只翅膀给它。（插翅难飞）

数学老师：在数学符号中，大括号像一张弓，小括号像弯弯的月牙，那中括号像什么？
学生：像订书钉。

物理老师：谁能举例来说明异性相引、同性相斥这一物理现象？
学生：我爸爸和妈妈是异性，天天在一块，这叫异性相引；我妈妈与奶奶是同性，在一块就吵架，这叫同性相斥。

化学老师：在我们学过的化学键中，除离子键、共价健外，还有没有其他键？
学生：还有空格键。

英语老师：将英语口语翻译成汉语时，其中的哪些发音不用翻译？
学生：打喷嚏、咳嗽，还有哭和笑。

政治老师：为什么说经济基础决定上层建筑？
学生：咱们的教学楼原计划建7层，由于资金紧张，最后只建了5层，这就叫经济基础决定上层建筑。

学生：我发现历史上的名人都喜欢在姓后带个"子"字，如孔子、孟子、孙子，为什么北宋开封府的包拯包大人的姓后却不带子字呢？
历史老师：他怕别人把他吃掉。

地理老师：一个漆黑的夜晚你在野外迷了路，怎样才能快速辨别方向？

学生：上北下南。

生物老师：请说出两种以上昆虫的名字？
学生：蝗虫、网虫、瞌睡虫。

体育老师：你们擅长的田径项目都有哪些？
学生：短跑、铅球、翻墙。

学生：老师，显示屏上趴着一只苍蝇真讨厌，能不能把它删除？
计算机老师：可以，但你得先用鼠标把它选定。

绝对课堂
课堂篇

● 经典造句

俺从不写错字，但俺写通假字。

我没有抄同桌的作业，我只是临摹他的笔迹。

休眠是一种艺术，在课堂上就更有难度了，所以请不要干扰我对艺术的执着追求。

在听课的时候我们应该保持肃静，打扰别人睡觉是很不礼貌的。

要么让老师习惯我的呼噜声，要么让我习惯老师的吵闹！

什么是幸福？就是老师站着讲课，而我却趴着睡觉！一觉醒来，天都黑了。

既然是强扭的瓜不甜，那我就不强迫自己再听下去了！

经过周末这两天的休息，我想大家现在肯定很累了。

进步不够快往往是缺乏强劲的敌人！

上课睡觉睡不饱，下课读书读不完。

如果早上来得晚一些的话，我想我会喜欢早上的。

所谓物理就是让我们悟理，千万不要如同在雾里，更不能勿理。

贝多芬给我们的启示是什么？
背了才会多得分。

与其在老师对答案时恍然大悟，不如在老师讲课时大彻大悟。

一百二十分的题只考十几分，不能说明你学得不好，只能说明你运气不好。

不要总把角速度ω写成w行不行，实在不会写可以先把试卷侧过来写个3啊。

知道牛顿最著名的一句话是什么吗？"如果说我曾经看得远些，那是因为我站在了巨人的肩膀上"。所以以后有人夸你物理学的好时，你也可以说"没什么，我只不过是站在了物理老师的肩膀上"。

对付潇洒的人，就要比他更潇洒；对付英俊的人，就要……毁他的容。

凤凰重生就是涅盘，野鸡重生就是尸变。

这个世界不公平就在于：
上帝说：我要光！于是有了白天。

美女说：我要钻戒！于是她有了钻戒。

富豪说：我要女人！于是他有了女人。

我说：我要洗澡！居然停水了！

● 答题无忌

管中窥豹，吓我一跳。

正解：可见一斑

蚍蜉撼大树，一动也不动。

正解：可笑不自量

问渠哪得清如许，心中自有清泉在。

正解：为有源头活水来

山围故国周遭在，只是朱颜改。

正解：潮打空城寂寞回

洛阳亲友如相问，请你不要告诉他。

正解：一片冰心在玉壶

沉舟侧畔千帆过，孔雀开屏花样多。

正解：病木前头万木春

相逢何必曾相识，天涯何处无芳草。

正解：同是天涯沦落人

居高声自远，树大会招风。

正解：非是籍秋风

夕阳西下，月亮东上。

正解：断肠人在天涯

人生得意须尽欢，有花堪折直须折。

正解：莫使金樽空对月

今人不见古时月，奈何明月照沟渠。
正解：今月曾经照古人

坐地日行八万里，八千里路云和月。
正解：三十功名尘与土

众里寻他千百度，只求与他同船渡。
正解：蓦然回首，那人却在，灯火阑珊处

人生自是有情痴，此恨绵绵无绝期。
正解：此恨不关风和月

夜宿峰顶寺，僧敲月下门。
正解：举手扪星辰

人有朝夕祸福，月有阴晴圆缺，此事古难全。
正解：人有悲欢离合

清水出芙蓉，深海出蛟龙。
正解：天然去雕饰

忧劳可以兴国，闭目可以养神。
正解：逸豫可以亡身

东风不与周郎便，赔了夫人又折兵。
正解：铜雀春深锁二乔

赤橙黄绿青蓝紫，东南西北中发白。
正解：谁持彩练当空舞

子系中山狼，我乃东北虎。

正解：得志便猖狂

不畏浮云遮望眼，飞来峰上有晴天。
正解：只缘身在最高层

问渠哪得清如许，终身不忘不老泉。
正解：为有源头活水来

●成语歪解

学无止境：学费上涨的势头没有停止的那一天。

开卷有益：开卷考试不论对学生还是对老师来说都是有益的。

度日如年：日子非常好过，每天像过年一样。

杯水车薪：每天办公室喝喝茶，月底可以拿到一车工资。

知足常乐：知道有人请自己洗脚，心里感到很快乐。

语重心长：别人话讲得重了，心里怀恨很长时间。

不学无术：不要白费功夫学那些不实用的东西。

不折不扣：商场服务员不给顾客打折就不会扣奖金。

盛名难副：有了显赫的名声后就很不愿意再当副手了。

强人所难：强壮的汉子忽然遇到了所有的困难。

民不聊生：老百姓在一起怎么会不聊生活中的话题呢？

软硬兼施：计算机的软件和硬件只有同时进行安装，才能正常运行。

见好就收：见到好东西就想方设法"收"为己有。

三天打鱼，两天晒网：海洋里的资源日益匮乏，渔民们不得不采取"休鱼"的措施。

聊以自慰：寂寞的人进入QQ的聊天室获得安慰。

掩人耳目：从背后蒙上你的眼睛，让你猜猜我是谁。

训练有素：和尚要习武练功，还必须吃素。

引以为戒：戒烟广告，引导人们快点戒烟。

别开生面：不要和不认识的人开玩笑。

一五一十：十五的另一种说法。

衣食无忧：吃的穿的都是别人送的，还有什么可忧虑的呢？

无地自容：房价高，没地方住，自己把自己送到收容所。

居安思危：一个人生活条件好了，思想就会危险起来。

顾客至上：顾客至少上当受骗一次。

出类拔萃：剔除另类的，拔掉优秀的，剩下整整齐齐的"好苗子"。

牢不可破：那当然了，要不犯人全跑光了。

岂有此理：对理发师的手艺不满意。

如鱼得水：也说不定，假如是咸鱼……

网开一面：这就是网络，让你看见一面，看不见另一面。

坐井观天：肯定是哪个没良心的偷了井盖，不然谁会跑下面去。

添油加醋：厨师的拿手好戏。

凿壁偷光：有流氓行为的嫌疑。

岁寒三友——火锅、白菜、热被窝。

● 新词妙对

天不怕，地不怕，就怕老师来我家。坐俺的墩儿，喝俺的茶，老师一走妈就打。

孟姜女哭倒长城干红，白娘子水漫金山词霸。

东边日出西边雨，老师无情我有情。

大山不是堆的，火车不是推的，积极不是催的，牛皮是你吹的！

女为悦己者容，男为己悦者穷。

语文——奇文共欣赏，疑义相与析。

政治——问以经济策，茫若堕烟雾。

历史——春花秋月何时了，往事知多少？

地理——三万里河东入海，五千仞山上摩天。

晚自习——天阶夜色凉如水，坐看牵牛织女星。

上课——赤日炎炎似火烧，野田稻禾半枯焦。

下课铃——一夜春风来，万树梨花开。

期末考试——问君能有几多愁，恰似一江春水向东流。

公布成绩——月儿弯弯照九州，几家欢乐几家愁。

竞选失败——夜阑卧听风吹雨，铁马冰河入梦来。

网虫——闲来无事不从容，睡觉东方日已红。

留级者——无可奈何花落去，似曾相识燕归来。

开班会——含情欲说宫中事，鹦鹉前头不敢言。

考试——纵有健妇把锄犁，禾生陇亩无东西。

军训——五更鼓角声悲壮，三峡星河影动摇。

别人笑我太疯癫，我笑他人太等闲。
英雄不问出身处，一鸣惊人直冲天。

披星戴月上学去，万家灯火回家来。

读书读到抽筋处，文思方能如井喷。

汽车渴望公路，花草渴望雨露，
我渴望着成绩赶快进步。
灵魂渴望超度，心灵渴望归宿，
我迫切渴望着没有考试，朝朝暮暮。
我曾向老师求助，求他降低难度，
而他给予我的眷顾，

则是接踵而至的补习无数。

偶有提高分数，还是小小幅度，

余下的绝大多数，基本不堪入目！

时间犹如脱兔，匆匆不肯停步，

转眼就又到了期末考试一年一度。

无助，无助，

其实我并非一无是处，

我也有优点很多可供列举陈述：

我勤勤恳恳把书读，

怎奈智商原因把我束缚。

假期时间较为幸福，

然而父母的失望昭然若揭让我痛苦。

我的爱心彰明显著，最最热心公益捐助，

我还坚持为人服务，

用我最大的热情为别人提供帮助，

为了让我这片心意落到实处，

我硬把不愿过去的大娘搀过了马路。

我得到的表扬远远少于挨骂的次数，

我不明白，

我的努力换来的为何只是不屑一顾甚至是愤怒！

比起优等生的飞扬跋扈，

以及对我精神上的无情屠戮，

我更愿意选择让步，甘心走向平庸之路。

老师说，

是树总有可栽之处，我的本质总能得到仰慕。

我也知自己没有走投无路，每人命中总有劫数。

认真的孩子上天不会辜负，

我会脚踏实地，走好每一步。

● 爆笑歪句

人生就像一杯白开水，平平淡淡的；又像一杯加了糖的白开水，甜甜的；也像一杯加了盐的白开水，咸咸的。

戏评：请问，这还是白开水吗？

对面走过来一位女姑娘！

戏评：你见过男姑娘吗？

我们家总共有三口人，爸爸、妈妈和哥哥。

戏评：请问你是谁家的？

日记：今天是2月30号，是个大晴天，但没有出太阳，我很难过。

戏评：老师更难过……

有一种自卑叫自信，有一种跌倒叫爬起。

戏评：新时代的苏格拉底诞生了！

眼睛为什么长在两边，因为它是用来向前看的。

戏评：你的逻辑是超越我的理性范围之外了。

醉翁深知：不应有恨，何时长向别时圆……

戏评：苏轼对欧阳修：大家熟归熟，你这样我一样告你剽窃！

我想，只要我再稍微具有一些谦虚的品质，我就是个完美的人了。

戏评：看来你是无法完美了。

今天天气真好，晴空万里，天上飘着朵朵白云。

戏评：这难道是在火星？

我有个同学，他长的不高也不矮，在1米76以上，1米77以下。

戏评：凑字数也不至于这样吧！

百米跑道长又长，运动键儿像豺狼，终点有根火腿肠，谁先跑到谁先尝。

戏评：太有才了。

李煜在唱：载不动，许多愁，恰似一江春水向东流。

戏评：是李清照和李煜合唱的吧？

看着天上阴沉沉的天。
戏评：天外有天！

登山者在暴风雪中做出了自己心灵的选择，拯救了一个濒临死亡的遇难者。
戏评：华佗再世，妙手回春！

一个萧条的年轻人孤独地走在寒冷的大街上。
戏评：可怜的孩子，你的汉语萧条得够可以了！

记得鲁迅先生曾说过这样一句话：走自己的路，让别人去说吧。
戏评：不要栽赃！但丁也会有意见的！

古人云：送之毫厘，收之东隅。
戏评：太深奥了，不懂！

在秦朝时，秦孝公运用管仲的商鞅变法使国富兵强。
戏评：到底谁在变法？

突然，从机舱中走出一位乘客，他向机长走去，并从腰中掏出一部手机，对准机长的胸口。
戏评：我一直想不通为什么乘飞机不能开手机，原来是怕乘客用它来劫机啊！

天上的大雁咩咩地飞过，圆圆的月亮像弯弓。
戏评：人生奇观。

在一个伸手不见五指的晚上，池塘的蝌蚪在晒太阳！
戏评：太阳很晒人吧！

元旦时，我们全家一起到历史博物馆参观"冰马桶"。（正解：兵马

俑）

戏评：去错地方了吧！应改到"屠宰场冷冻房"才对。

停电的夜晚，到处很黑，我吓得皮开肉绽！
戏评：看到这句，老师很佩服你。

文天祥面对敌人的枪口，坚决说不……
戏评：难怪南宋要灭亡，对方都有现代化的武器了！

●经典造句

题目：一边……一边……
学生：他一边脱衣服，一边穿裤子。
戏评：到底是要脱还是要穿啊？

题目：天真
学生：今天真冷。
戏评：我更冷。

题目：十分
学生：我今天考了十分。
戏评：我会跟你爸妈说的。

题目：其中
学生：我的其中一只左脚受伤了。
戏评：蜈蚣？

题目：陆陆续续
学生：下班了，爸爸陆陆续续地回来。
戏评：几个爸爸呀？……

题目：马上
学生：我骑在马上。
戏评：你下来吧。.

题目：欣欣向荣

学生：昨天欣欣向荣荣表白了。

戏评：电视剧看得太多了吧！

题目：难过

学生：我家门前有条水沟很难过。

戏评：老师更难过！

题目：天才

学生：我三天才洗一次澡。

戏评：你真是天才。

题目：因为……所以……

学生：因为有我们，所以老师才不会失业。

戏评：感激涕零！

题目：又……又……

学生：小明又胖又瘦又高又矮。

戏评：这是小明，还是怪物？

题目：瓜分

学生：大傻瓜分不清是非。

戏评：小傻瓜也分不清。

题目：况且

学生：一列火车经过，况且况且况且况且。

戏评：听到了……

题目：云南

学生：海尔波普彗星的位置就在那一朵云南边十公里处。

戏评：天文望远镜与你的眼睛相比可以"自惭形秽"了。

题目：报名

学生：人民日报名扬四海，举世皆知。

戏评：我也知道，你就不用再说了。

题目：卡通

学生：他身上的信用卡通通都是偷来的。

戏评：你真是最佳侦探。

题目：浪漫

学生：长江后浪慢慢推前浪。

戏评：我算领教到了。

题目：从容

学生：我做事都是从容易的做起。

戏评：已经看到了。

题目：如果

学生：罐头不如果汁营养丰富。

戏评：它们加起来还没你的想象力丰富。

题目：体裁

学生：爸爸说做事要量体裁衣。

戏评：老师可以说你驴唇不对马嘴。

题目：友爱

学生：我的朋友爱踢足球。

戏评：国足有希望了！

题目：一……就……

学生：一只芭比娃娃就要一百块。

戏评：看来确实贵了一点。

题目：天才

学生：再过14天才能过年。

戏评：你还真是个天才。

题目：天空

学生：今天空气很新鲜。

戏评：你说的话更比空气还新鲜。

题目：西装

学生：我把乱七八糟的东西装在备用盒里。

戏评：有西装也别忘了装进去。

题目：谢谢……因为……

学生：我要谢谢妈妈，因为她每天都帮我写作业。

戏评：这句肯定不是你妈妈写的……

奇思妙想
创意篇

●课间风云

不学习的人，像不长谷物的荒地，要不然怎么叫荒废学业。

地球只有一个，地球仪却有很多。

学习不能改变长度但可以改变宽度，学习不能改变起点但可以改变终点。

三个臭皮匠，气死诸葛亮。

如果圆规的两只脚都动，永远也画不出一个圆。

站在巨人的肩上是为了把巨人踩在脚下。

在学校食堂吃饭，点第一道菜时我震撼了："这世上还有比这更难吃的菜吗？"点第二道菜时我哭了："还真有。"

在食堂排队打饭时，最大的欣慰不是前面的人越来越少，而是后面等的人越来越多。

只有在食堂排队时，我才能真正意识到自己是"龙的传人"。

认识自己的无知是认识整个学校最可靠的方法。

学习，进一步海阔天空；成绩，退一步大脑空空。

早晨赖床，遂从口袋里掏出6枚硬币：如果抛出去全是正面，就去上早自习。踌躇了半天，还是算了，别冒那个险。

拿份报纸上厕所，说明俺是读书人。

好久没有人把牛皮吹得这么清新脱俗了！

我的大脑正在停转维修，离开放时间还有四个小时。

早睡早起美容养颜，晚睡早起用功减肥。

无论白天黑夜，寝室总是会有人醒着，也总是会有人睡觉。

分工合作是未来工作的趋势，我们从现在作业开始练习。

如果非要说上课学不到什么，那么跷课也玩不到什么。

你可以无视纪律，但你绝对不能无视文明。

不要向井里吐痰，也许你还会来喝这口井里的水。

我对坐我旁边的哥们儿说——你离天才只有一步之隔。
偶像其实是一种商品，标上了文化的符号，被耳目所消费。

我以后生个儿子名字要叫"好帅"，那别人看到我就会说"好帅的爸爸"。

什么叫乐观派的人？就像茶壶一样，屁股都烧得红红的，他还有心情吹口哨！

支持我的请举手，不支持我的请倒立。

爷爷说：现在那些歌星出家一定都是好和尚，因为他们念的经实在太好听了。

准备吃午饭了，好丰盛啊！红烧牛肉、海鲜、大虾、泡椒凤爪、葱香排骨、黑胡椒牛排……到底吃哪种口味的面好呢？

明天不一定美好，但美好的明天一定会到来。

其实馒头是万能的，饿了就可以吃。想吃饼，就把馒头拍扁；想吃面条，就把馒头用梳子梳；想吃汉堡，就把馒头切开夹菜吃……

面对困难时：死都不怕，还怕活着吗？
面对危险时：活着都不怕，还怕死吗？
这就是爱因斯坦的相对论。

金钱视我如粪土，我还视金钱如粪土呢！都是粪土谁怕谁啊？

我发现我已经成天使了，因为我天天上课都好像在听天书。

小学时，我一不小心染上了腮腺炎。因为期末了，班主任怕我考不好拉班级平均分，于是死活不让我请假。没办法，只好带病坚持上课，班主任还当着全班同学的面狠狠地把我表扬了一番……可是乖乖，腮腺炎是烈性传染病啊，从我带病上课的第二天起，班上不断有人被表扬……半个月后，班主任表扬了班里所有的人……

化学课上，我在黑板前急得满头大汗，索性闭上眼睛在黑板上瞎写昨天忘背的化学反应方程式。写完后我低下头，等待着"狂风暴雨"的到来……孰料，化学老师看后立即让大家起立为我热烈鼓掌，并上前一把握住我双手，兴奋地说："今年诺贝尔化学奖可以颁发给你了，你发现新元素啦！"

期末临考了，奉劝大家不要看不太吉利的电影，譬如《大红灯笼高高挂》……

熄灯后，室友拿出应急灯学高数，灯光照亮了大半个宿舍。正对着灯光的室友无法忍受，大喝道："宿舍就你一个人的啊！"学习中的室友不服，大声回敬，两人遂吵了起来。不久，只听另一室友大喊道："宿舍就你们两个人的啊！"于是三人吵了起来。终于，隔壁也按捺不住，怒吼道："宿舍楼就你们一个寝室的啊！"顿时楼里吵成一团……一分钟后，只听学校广播台传来歇斯底里地狂叫声："这学校就是你们这个楼的啊！"

我们一定要努力学习，不能掉队，否则迟早会像冥王星那样被踢出太阳系行星行列……

我的迟到是有原因的，昨天晚上，我非常以及极其不一般的倒霉——啃鸭腿的时候油滴在键盘上，擦键盘的时候鸭腿掉在地上，捡鸭腿准备再啃的时候头碰到了啤酒罐上，紧接着，啤酒全洒在了刚擦过的键盘上。最后，我抱着键盘哭了一晚上……

如果跟老师讲不清楚，那么就把他搞糊涂吧！

有个同学准备掷骰子做选择题。他说1234——ABCD！问：掷到5、

6咋办？曰：奖励再投一次！

我曾经是个天使，真的。在降临人世间时上帝慈祥地对我说："去吧孩子，你是个为补考而生的男人……"

虽然我坚持拥护你说话的权利，但我誓死不赞成你的观点！

伸出四个指头，英文读"four"，那么再把四个指头弯曲了，用英文怎么读？对，是——wonderful！（弯的"four"）

去食堂打了份土豆烧牛肉，一不小心掉了块牛肉，结果只吃到了土豆！

在教室睡觉，在图书馆吃东西，在食堂自习，在寝室读书……

班里转来一位新同学，老师让她做简短的自我介绍。"虽然我是新来的，但我未必会是最优秀的、未必会是最漂亮的、未必会是学习最好的……"大家听后感觉很舒坦，觉得这个人还很谦虚。孰料第二天她就被班里的同学一顿暴打，大家边打还边骂道："小样的，让你以后叫'魏碧慧'！让你以后叫'魏碧慧'……"

习惯的力量是可怕的！我发现手机必须要放在课本的左边，因为放在右边的话，每次我都会情不自禁地去握它当鼠标用……

终于明白周杰伦的《范特西》是什么意思了——粥！

初一时有次去食堂打包子，谁知划卡机出了毛病，一下划去我225块3毛。卖包子的哥哥鼓捣了半天也加不回去，于是可怜兮兮地说："没事儿，我记得你，以后常来，直到把多划的钱用完。"我只好同意了。可怜我上顿包子下顿包子地吃了整整一个学期，即使这样，包子哥哥还欠我2块3……最可气的是初中三年都没女生搭理我！直到毕业后某天，我走在校园里，就听背后一帮女生叽叽喳喳道："没错，就是他，最讨厌了——天天去二食堂吃包子不给钱！"

请用一个字来评价理科班：妙！那两个字呢？还是"妙"（女+少）！

物理考试最后一题：你认为最有影响力的物理学家是谁？我写的是"牛顿"，结果全班只有我没及格。原来，大家都把老师的名字写了上去……

有一天，我梦见自己在考试，结果醒来一看——真的在考试！

●广阔天地

读万卷书不如行万里路，行万里路不如阅人无数，阅人无数不如复制快乐人的脚步，复制快乐人的脚步不如复制快乐人的思路……

夏天就是不好，穷的时候我连西北风都没得喝……

我身边的同学们啊，你们快点出名吧，这样我的回忆录就可以畅销了……

只要是天鹅蛋，生在养鸡场里也没有什么关系。

搏击长空的雄鹰是不会羡慕被表扬的小鸡的。

猪有猪的思想，人有人的思想。如果猪有人的思想，那它就不是猪了——是八戒！

就算碗是铁的，里边没饭你吃啥？

螳螂捕蝉，女娲"捕"天，亡羊"捕"牢，取长"捕"短——四大名捕。

我最讨厌别人跟我说"放马过来"——你不知道我是阿凡提啊！

最差的人品莫过于痴痴地盯着一个女生看半晌，然后叹口气说：

"哎，这个恐龙做得太像真的了……"

种草不让人去躺，不如改种仙人掌！

同学们都说我是著名的音乐人，因为每次去 K 歌，他们唱的都是别人的歌，而我却总是自己谱曲……

如果上天再给我一次重生的机会，我一定要选择在唐朝，这样既不用学英语，也不用减肥。

我坚持认为海带和虾皮是海鲜，这样我就可以跟自己的同学很骄傲地说："我经常吃海鲜！"

我总把手表调快一分钟，因为我喜欢走在时间的前面。

锻炼肌肉，防止挨揍！

总有一天我会当上老总！现招收老总女秘书，有意者请联系。

有看《金刚》不哭的女生吗？我想没有。但如果换成是女金刚和男帅哥的话，我想就完全不会有人哭了。

猪的恐怖片：《如何做好家常菜——东坡肉料理法》！

当你面对悬崖的时候，不要犹豫，让自己跳下去，逼自己在下降过程中，长出翅膀来！

时间是最好的老师，但遗憾的是他最后把所有的学生都弄死了！

太阳胆子最小，天一黑就躲起来，从不敢出来溜达；月亮胆子真大，基本每天晚上都在天上转来转去，并且有时候白天也出来，这不是欺负太阳么！

读书：一个头两个大熬三更背四书五颜六色七荤八素九成不懂十分郁闷！

只好：找点十间喝九泡八七茶六鸟五湖四海神游解闷三天两头奢侈一顿！

人哪：一辈子两意三心四体不勤五谷不分六艺不精苦苦七待那八九十分！

可笑：这十方九洲八荒七获六合五行四野三光两界中你我渺渺一点痴心！

四大愿望：看火箭夺冠，帮王楠擦汗，与蕊蕊通电，请姚明吃饭。

如果多吃鱼可以补脑让人变聪明的话，那么我至少得吃一对儿鲸鱼……

某跳棋高手同学谈获胜秘诀：
1.要不惜一切代价为自己铺路搭桥；
2.当自己目的达到时要立即过河拆桥；
3.万一自己陷入不利的境地，要死死地拖住对家的一个子不放，你赢不了对手，对手也别想轻易赢！

天塌下来你顶着，我垫着，呵呵……

今天是3·14，圆周率节，所以要吃派。

本人人见人爱，花见花开，车见车爆胎！上知天文地理，下知鸡毛蒜皮，每外出行走，常引美女回头，帅哥跳楼！

世界，人，思绪，一言以蔽之：乱！

同桌终于发誓要减肥了——在公车上，有人对他说："孩子，让一下，你挡着我手机信号了。"

我是个无神论者，但在夜里却不敢承认这一点。

宁愿骑着单车微笑，也不要躲在奔驰车里哭泣……

你笑我和你们不一样，我笑你们大家都一样。

我的脸洗的很干净，苍蝇趴在上面都得摔死！难过的是，我的口袋比我的脸还干净……

俺要跟机器猫玩剪刀石头布，非要让它输得倾家荡产！

老师，是我们不对，我们没能把精力放在学习上，而是想通过扑克这种旁门左道来推测今天的考试运势如何……

考试狂人
考试篇

我最烦你们这帮作弊的，一点儿技术含量也没有！

知识诚可贵，分数价更高。

分数不是问题，问题是分数不够高。

考试像圆周率，无限不循环……

独木桥并不难走，千军万马过独木桥才难走。

中考年年照九州，几家欢乐几家愁。

满卷考题解不出，提笔四顾心茫然。

不识考题真面目，只缘身在考场中。

衣带渐宽终不悔，考场答题直落泪。

考卷宽几许，题目超难啃。不敢高声语，恐惊监考人。

挑灯夜读——莫道不消魂，帘卷西风，人比黄花瘦。

考前求菩萨保佑——可怜夜半虚前席，不问苍生问鬼神。

考前差生与优生——谁在玉关劳苦？谁在玉关歌舞？

考试作弊——机关算尽太聪明，反误了卿卿性命。

被同学举报——本是同根生，相煎何太急？

顶撞老师——蚍蜉撼大树，可叹不自量。

考后心情——欲将心事付瑶琴。知音少，弦断有谁听？

补考——众鸟高飞尽，孤云独去闲。

幸得高分——但愿人长久，千里共婵娟。

青春浪漫
成长篇

● 精彩人生

别人的优点是别人的，我的缺点却是自己的；别人的快乐是别人的，我的痛苦却是自己的。

岁月没有任何痕迹，我已经悄悄长大。

在哪里跌倒，就在哪里躺下。

人生就像河水，只有在偶尔遇到漩涡的时候才会回头。

每个人都像天上的星星，都有其光芒，不管太阳出来，月亮出来，它都依然闪烁。

有的时候千万别委屈自己，有的时候千万别放纵自己！

记住该记住的，忘记该忘记的。改变能改变的，接受不能改变的。

人生重要的不是所站的位置，而是所朝的方向。

幸福就在身边，懂得知足就是天堂。

当你能飞的时候就不要放弃飞；当你能梦的时候就不要放弃梦；当你能爱的时候就不要放弃爱。

要纠正别人之前，先反省自己有没有犯错。

少一点预设的期待，那份对人的关怀会更自在。

上帝从不埋怨人们的愚昧，人们却埋怨上帝的不公平。

世界上有两种人：索取者和给予者。前者也许能吃得更好，但后者绝对能睡得更香。

要让事情改变，先改变我自己；要让事情变得更好，先让自己变得更好。

人生的目的不是为了活得长，是为了活得好。

生命没有所有权，只有使用权！

生命如同寓言，其价值不在于长短，而在于内容。

好好活着，因为我们会死很久很久。

大多数人想要改造这个世界，但却罕有人想改造自己。

人生有时就像甲骨文——让我怎么也读不出来。

乐观者在灾祸中看到机会；悲观者在机会中看到灾祸。

个人幸福跟年龄无关，跟情商有关。

要做的事情总找得出时间和机会，不想做的事情总找得出借口。

有事做的时候我们把忙碌当做累，没事做的时候我们却把放松当做无聊。

叩问人生
哲理篇

● 处事哲理

地球是运动的，一个人不会永远处在倒霉的位置。

失言就是一不小心说了实话。

到了聪明人都无计可施时，笨人想出来的法子可能最有用！

一个人之所以学不到东西，往往不是因为太笨，而是太聪明了。

我们总是习惯性地认为脑子是人体最重要的器官，但是别忘了这个判断是谁做的。

瞎子点灯，或许不是一种愚蠢，这可能是一种智慧，甚至气度……

笨人的可怕之处并不在其笨，而在于自作聪明。

聪明人是快乐的，自以为聪明的人才会烦恼。

漂亮的脸孔是给别人看的，而有智慧的头脑才是给自己利用的。

老鼠嘲笑猫的时候，身旁必有一个洞。

才华其实就是把与他人相同的聪明用到与众不同的地方。

我采取任何行动都只有两个理由：追求快乐、逃离痛苦！

装傻这事，如果干得好，叫大智若愚；木讷这事，如果干得好，叫深沉。

有刺青的不一定是流氓，他可能是岳飞。

先下手遭殃，后下手更遭殃。

人们到动物园里比较喜欢看猩猩，因为在那里他们比较具有归属感。

天上不会掉馅饼，但却会掉陷阱！

一个人如果面对众人批评仍微笑自如，那么他很可能已经找到了替罪羊。

解释就是掩饰，掩饰就是编故事。

不要随便说别人脑子有病，脑子有病的前提是必须有个脑子。

偷一个人的主意是剽窃，偷很多人的主意是研究。

●梦想规划

低着头的人会看不见前方。

理想犹如太阳，吸引地上所有的泥水。

在希望中享受到的乐趣，比将来实际享受的乐趣要大得多。

暂时的是现实，永生的是理想。

梦什么时候醒来那是梦的事。

如果我是蒲公英该有多好：有漂亮的头饰，有特别的翅膀，而且妈妈不会阻止我远航……

就算全世界的鸡蛋联合起来，也无法打破石头。所以，梦想也要现实一些……

我费尽艰辛爬上梯子的顶端，却发现梯子搭错了墙头。

●勇闯四方

没有挑战的日子，寂寞啊！空虚啊！

摔跤以后千万不要多想，先爬起来再说。

征服畏惧、建立自信的最快最实际的方法，就是去做你害怕的事，直到你获得成功的经验。

行动是治愈恐惧的良药，而犹豫、拖延将不断滋养恐惧。

花费整个的春天去选择种子，怕是要错过收获的季节了。

只有脚踏实地的人，才能够说：路，就在我的脚下。
离你越近的地方，路途越远；最简单的音调，需要最艰苦的练习。

还能冲动，表示你还对生活有激情；总是冲动，表示你还不懂生活。

你用的是什么全球通手机啊？全球都找不到你。

钞票不是万能的——有时还需要信用卡。

千万别在一棵树上吊死，可以到周围的树上多试几次。

武功再高，也怕菜刀。

状态是干出来的，而不是等出来的。

有勇气并不表示恐惧不存在，而是敢面对恐惧、克服恐惧。

不去冒险是最大的冒险，不去犯错是最大的犯错！

一切伟大的行动和思想，都有一个微不足道的开始。

不论在什么时候开始，重要的是开始之后就不要停止；不论在什么时候结束，重要的是结束之后就不要悔恨。

如果我们做与不做都会有人笑，如果做不好与做得好都会有人笑，那么我们索性就做得更好，来给人笑吧！

知识给人重量，成就给人光彩，大多数人只是看到了光彩，而不去称量重量。

空想会想出很多绝妙的主意，但却办不成任何事情。

用行动祈祷比用言语更能够使上帝了解。

没办法忘记过去，就走不出自己的新路。

生活是过出来的，不是想出来的。人类的意志行为，决定着未来的去处。

人生的目的，是在行为而不在思想。

童言无忌
童趣篇

念了十几年书，想起来还是幼儿园比较好混！

成长就是这样，痛并快乐着。你得接受这个世界带给你的所有伤害，然后无所畏惧地长大。

大人看大人的世界是用成功做标准，大人看小孩的世界则是用成绩做标准。

小孩脑袋里充满着"不可能"的事物，大人脑袋里充满着"不能"的规矩。

所谓儿童专家，就是自以为了解孩子的世界，其实只是不够了解成人世界的那一种人。

我们喜欢神话、童话、鬼话、笑话，更喜欢不听话。

成人和儿童最大的区别在于：儿童只在乎玩具，大人只在乎玩具价钱。

大人每天多认识一些别人，小孩每天多认识一些自己。

有时说谎并不是因为有很好的记忆力，而是因为有很好的创造力。

小孩永远不会觉得无聊，他们只会觉得父母很无聊。

久缺管教小孩的家庭是动物园，太过管教小孩的家庭是马戏团。

父母常告诫我们要好好读书，免得长大后别无选择。其实很多好好读书的小孩长大以后也没多少选择。

小时候爱听鬼故事，是因为这样才能说服自己：父母还不是最可怕的。

大人总是告诫我们如果考第一名就会有玩具，问题是：如果要考第一名，哪还会有时间玩玩具呢？

我的天真太早遗失，而我的成熟又蹒跚不至。

动物的种类在减少——人类的种类在增加吗？

天使之所以会飞，是因为她们把自己看得很轻；我们不会飞，是因为我们把自己看得很重。

珍惜生活——上帝还让你活着，就肯定有他的安排。

祖传牛皮癣，专治老中医。

你不太可能知道我的年龄，因为它每年都不一样。

当我们做了一件好事时，我们总希望连鬼神都知道；而当我们做了一件错事时，我们又总是希望能神不知鬼不觉——我们是不是太难为鬼神了。

叶子都掉光了，树在冬眠吗？头发都掉光了，脑袋在冬眠吗？
叶子掉光了，春天就长出来了，头发掉光了，就没有那么幸运了。

生活万花筒
生活篇

●非常家庭

无论代沟有多深，我都能用双手去铲平它。

爱应该给人一种自由感，而不是囚禁感。

老妈的规劝：闺女，要适当吃一点才有劲儿减肥啊！

一山不容二虎，但一男一女是例外，比如我爸和我妈。

家不但是身体的住所，也是心灵的寄托处。

老妈的心灵早在怀我的时候就同我交织在一起了。

和睦的家庭是世界上最美丽的花朵，没有东西比它更温柔，没有东西比它更让人值得珍惜。

全世界的母亲多么相像，因为她们的心始终一样。

在家看世界杯时我说："我喜欢托蒂！" 妈妈在旁边听见了说："哼，说得好听，我怎么没见你拖！"

我曾经泪流满面地嘶吼着自己将再也不会为一个女人流泪，结果换来母亲的一顿毒打——那年我8岁。

终究没飙过那辆宝马，只好眼睁睁着看它在夕阳中绝尘而去，要知道这并不是我引擎不好，而是因为车链子掉了……

你说我酷吗？从正面看，你可能不接受；从侧面看，你可能认同；从半侧看，你可能最为欣赏！

如果帅是一种错，那我已经铸成大错；如果可爱是一种罪，那我已经大罪滔天。做人真难！你就好啦，没错又没罪，真羡慕你啊！

电视里看到骨瘦如柴的非洲难民，我很心痛，奶奶却说："娃啊，你可千万别被现在的电视给骗了，他们会没钱吃饭？那他们妈妈还带他们去烫发！"

我的自行车左闸是虚拟的，右闸是随机的，车龙头是不可控的，车筐是奇异的，车座是非平稳的，车链与车身是无连接的，车胎是不饱和的，脚踏板与轴是互不相关的，挡泥板是可转置的，车锁与钥匙是相互独立的，整个自行车系统是离散的！

从食堂出来，路遇暗恋已久的女生，正当行注目礼时，女生樱唇微启，脱口而出："亲爱的……"我一阵眩晕，猛掐自己胳膊，怀疑自己是在做白日梦。一秒钟后她又道："你慢慢飞……"

有做得到的事，也有做不到的事——例如早睡早起。

小时候为了不让爸妈看见成绩单，于是就把它藏在一个很高很高的地方，还是搬着小板凳放的呢。结果特别后悔，爸爸回来一低头就瞅见了……

身体怎么补？一天三顿大红薯；样子如何酷？三年一条牛仔裤！

小的时候，津津有味地看连续剧，逢到中间插播的广告，连忙换台或者上厕所；到了现在，津津有味地看各种广告，逢到连续剧，连忙换台或者上厕所!

小时候，我父母始终相信女大十八变，丑小鸭会变白天鹅，然后嫁个大款成富婆；长大后某天，爸爸很专注地看着我，然后语重心长地说："孩子，你还是用功读书吧……"

昨天早上，我在阳台上看风景，发现对面女生宿舍里有一个拿着手绢的漂亮女孩在向我挥手，我也激动地朝她挥了挥；然后她跑到另外一个窗口向我挥手，我也向她再挥；后来她到第三个窗口时我才反应过来，原来她在擦窗户……

●友谊之花

真正的好朋友，并不是在一起就有聊不完的话题；而是在一起时，就算不说话，也不会感到尴尬。

不要和我比懒，我懒得和你比。

听君一席话，省我十本书。

世上唯一无刺的玫瑰，就是友情！

流言造成伤害至少需要两个人——你的敌人诋毁你，你的朋友转告你。

少一点预设的期待，那份对朋友的关怀会更自在。

有时解释是不必要的——敌人不信你的解释，朋友无需你的解释。

戏言不能伤敌但能伤友。

为别人鼓掌时，也是在给自己的生命加油。

不要问别人为你做了什么，而要问你为别人做了什么。

朋友之间最珍贵的赠品是原谅与宽恕。

挑选朋友要慎重，更换朋友要更慎重。

● 师生PK

某班的所有老师集体向教务处提出了辞职申请。理由如下：

语文老师：上课的时候，有个同学在看杂志，我没收了他的杂志敲了敲他的脑袋……可是在我转身准备继续上课的时候，他的同桌竟然哈哈大笑了起来，搞得课都上不下去，我就问他，为什么笑，你知道他是怎么回答我的？那小子从抽屉里掏出一本辞典，竟然这样对我说："老师，还好你没发现我看这书，要不就被你砸死了……"

数学老师：考试从不及格的同学交上来的作业里竟用到高中的知识……我问他这作业是不是他自己做的，那个同学竟然回答我说不知道，你说说看，这像话吗？我又继续问他，要他老实交代，到底是谁帮他做的，嘿，他还挺有理由的，回答我说："老师，我真不知道这作业是谁做的，说实话，昨天晚上我很早就睡觉了……"

物理老师：你知不知道单单一个顺时针和一个逆时针我就教了几节课？五节课啊！
是，我也是这么对他们说的，我告诉他们如果还不明白就看看手表，时针往哪儿走哪儿就是顺时针，反过来就是逆时针。可是，全班数过去，不是手机就是电子表……我不辞职我就一学期都教他们这两个词语啊？

体育老师：我为什么不辞职？那帮小子竟然给我送礼物！不，送礼物没错，我的意思不是说他们送礼物给我就错了，可是他们送礼物给我就是不对。

我怎么越说越糊涂了，这样说吧，虽然我苗条了点，皮肤白了点，可好歹我也是个男教师对吧？可是前几天三八妇女节的时候，那帮小子竟然送了一盒褪毛霜给我……还，还，还对我说以后夏天别穿毛裤了，汗，那是我的腿毛！

生物老师：我真的不想走啊，可是……你是知道的，我有心脏病，受不了刺激，但我能不激动吗？昨天单元考试，根据教学大纲的要求，我让同学们看着教学图片上的鸟腿写出鸟的名称和生活习性。可是我才说到考试的内容，就有个同学站了起来往门外走，嘴里嚷嚷着："靠，这种题目也有，老子不考了……"你说这样的学生要不要教育？我叫住他，问他叫什么名字，他竟然把裤管一拉，把腿露出来对我说："来啊，看着我的腿写出我的名字啊……"

美术老师：你是知道的，我才刚刚被分配到这个班。昨天上课的时候我刚进门就听到几个同学大叫"美女"，你说气不气人？我是老师，他们怎么可以这么不尊重老师呢？是，如果只是因为他们喊"美女"我就辞职是我不对，可是在我寻找谁喊"美女"的时候，那几个同学又对我喊了一句："看什么看，不是喊你！"

历史老师：那群学生真的没办法教了，上课的时候我提问题："你们知道武则天是什么人吗？"第一个同学回答我说他和她不熟，第二个同学回答我说是他的一个网友，第三个同学说他有她的QQ号码等下课了上QQ问一下……还有一个同学竟然掏出手机说要马上问她！

英语老师：我讲到独立结构的时候，按照教科书要求，我特意教了他们这么一个例句："Our teacher comes into the classroom, book under arm"(我们老师夹着本书走进了教室)，可是在考试的时候，全班的同学都翻译成"老师进了教室，胯下骑着一本书……"

音乐老师：我在上课，示范一首歌……唱完后同学们全部鼓掌。我很高兴，我在想，其他老师可能都是教学方法不对……可是他们还没等我想完就给了我否定的答案，他们大喊着："老师，太棒了，你是所有老师里口技最好的，我们第一次听到这么逼真的鸭叫！"

化学老师：我？你在问我？我还没上课呢，不过其他老师都是被逼辞职，我不辞职我等着去承受他们的痛苦啊？

●网络E时代

网络带你飞翔，现实教你走路。

做了好事要留名——至少要留下自己的网名。

你有国标，他有省标，还好我有鼠标。

得感冒我们有鼻涕，下电影我们有BT。

为什么我的眼里常含泪水，因为这显示器分辨率太低。
历史又翻开了它新的一页，因为我又给自己开了个博客。

来而不往非礼也，所以我给邮箱设置了自动回复。

如果有一天我老了，我的QQ怎么办，那里面的太阳一定摆不下。

上网，还是上课，这是一个问题。

所谓网虫，就是在杂志上看到下画线也想用鼠标去点的人。

理想的世界=免费电话+免费上网。

午夜十二点准时下线！否则，公主就会变回灰姑娘。

QQ上一美女说自己瓜子脸，特漂亮，寝室老大淌着口水出去约人家见面……夜，老大一推门就扑倒在床上嚎啕大哭："西——瓜子脸也就罢了，要命的是她尖头朝上啊！"

网络并不曾拉近彼此的距离，拉近的只是彼此认识的时间。

别拿你的木马，挑战我的密码！

你有多少email，你的QQ尚在吗？你倒是Re一下呀，我只是想在上网时多结交一个朋友而已……

BBS是个宝，大家生活离不了；BBS真是好，每天登陆不能少。

加一个聊一个，缘分啊；聊一个跑一个，谢谢哦。

给我大脑——于是我思考；
给我双脚——于是我奔跑；
给我十指——于是我上网；
经过思考，我奔跑着来上网……

如果你长得难看，请打110，关起来算了；
如果你身材不好，请打120，去医院看看；
如果你脾气不好，请打119，灭下火；
如果你觉得自己漂亮，请加我QQ，详谈……

希望有一天我能用鼠标双击我的钱包，然后选中一张100元，按住"ctrl+c"接着不停的"ctrl+v"……
你看得见我打在屏幕上的字，却看不到我掉在键盘上的泪……

在我归隐了七个账号之后，我终于明白——真正应该归隐的不是账号，而是我的心。

心甘情愿做一个好"水仙"——灌水的神仙！

自我激励
励志篇

●假想宿敌

逆风的方向，更适合飞翔。我不怕万人阻挡，只怕自己投降。

当我软弱时，我就是自己最大的敌人；当我勇敢时，我就是自己最好的朋友。

不是我们没有进步，而是对手比我们进步得更快！

战胜对手的成就必须先战胜他的信念！

愚蠢的朋友比明智的敌人更糟糕。

所有欺骗中，自欺是最为严重的。

生气不过是拿别人的过错来惩罚自己的蠢行，在惩罚自己的时候，也许别人正在偷着乐呢。

偶尔幽生活一默你会觉得很爽，但生活幽你一默就惨了。

使我们不快乐的，都是一些芝麻小事。正如我们可以躲闪一头大象，却躲不开一只苍蝇。

有时候很冲动只是脑子突然搭错线了，和人品无关。

世界上那些最容易的事情中，拖延时间最不费力。

接受事实是克服任何不幸的第一步。

嫉妒是人类最大的敌人之一，它能让人迷失本性，失去自我。

竞争，其实就是一种友谊，在对手的帮助下提高你的聪明度，害怕竞争的人已经输给了对手。

诽谤别人，就像含血喷人，先污染了自己的嘴巴。

●美梦成真

人生所有的时间里，"现在"是最棒的。

生活的理想，就是为了理想的生活。

我成功因为我志在成功！

即使是不成熟的尝试，也胜于胎死腹中的明策。

拥有梦想只是一种智力，实现梦想才是一种能力。

成功的信念在人脑中的作用就如闹钟，会在你需要时将你唤醒。

最重要的就是不要去看远方模糊的，而要做手边清楚的事。

为明天做准备的最好方法就是集中自己所有智慧、所有热忱，把今天的工作做得尽善尽美，这就是自己能应付未来的唯一方法。

如果你去全力以赴做能力范围内的所有事，你定会让自己大吃惊。

平凡的脚步也可以走完伟大的行程。

再长的路，一步步也能走完，再短的路，不迈开双脚也无法到达。

人生就是一场游戏，你遇到的障碍就是各种关卡，所以，让我们尽情地去攻略吧！

成功往往不是完全决定于天才、资源或脑子，而是成功者的态度。

每个人都是自己命运的建筑师。

懒惰是世界上最大的奢侈。

我们用一只眼睛看见现实的灰墙，用另一只眼睛勇敢飞翔，接近梦想。

一个人只要想法愿意改变，事情就有转机，改变的意念愈强，胜算就愈大——成功的机会，永远留给拥抱变化、渴望改变的人。

人生是规划的过程，计划的主人是自己，计划做得具体，执行做得确实，胜算必然属于自己。

人生有梦，筑梦须踏实，将自己的梦想，以阶段性的小目标，落实在具体的计划中，然后身体力行，积极实践，这就是生涯规划最具体的表现。

人生是连续的过程，珍视过程，就是钟爱自己；渴望、信心及行动是圆梦三部曲。

● 成败哲学

不怕失败的人比从不失败的人要强。

人的成功是靠自己的改变，不是靠别人的改变。

有信心不一定会赢，没有信心一定会输；有行动不一定会成功，没有行动一下就会失败。

人生总是有所缺少，你得到什么，也就失去什么，重要的是你应该知道自己到底要什么。追两只兔子的人，难免会一无所获。

其实，平淡中往往也蕴涵着许多伟大和神奇，一心只想尽善尽美的人，最终常常两手空空。

太过于自信，就会迷失自己，强项和优势并不是在任何时刻、任何情况下都能让你成功，一旦当你失去理智，它也会变成你的坟墓。谨慎面对生活，不要忘乎所以。

无论做什么事，你的成功都会遭致一些人的诽谤。聪明的人通常此时会保持沉默。谣言没有生根发芽的土壤，就会不攻自破。

一个人幸运的前提，其实是他有能力改变自己。

世界上只有想不通的人，没有走不通的路。

积极的人在每一次忧患中都看到一个机会，而消极的人则在每个机会中都会看到某种忧患。

挫折其实就是迈向成功所应缴的学费。

困难就像气球，吹起来时显得很强大，但只要一打破就无影无踪了。

人总要犯错误的，否则正确之路人满为患。

铁杵能磨成针，但木杵却只能磨成牙签！因此，如果材料不对，再努力也没用。

一事无成是得过且过的必然归宿。

失败——对强者是逗号，对弱者则是句号。

在失败中挖掘成功，在成功中洞察挫折。

失败者之所以失败，往往在于他在固执己见的时候仍然兴奋不已！

命运负责洗牌，我们自己负责玩牌。

竞争颇似打网球，与球艺胜过你的对手比赛，可以提高你的水平。

这个世界并不是掌握在那些嘲笑者的手中，而恰恰掌握在能够经受得住嘲笑与批评的人手中。

能把在面前行走的机会抓住的人，十有八九都会成功。

成功呈概率分布，关键是你能不能坚持到成功开始呈现的那一刻。

诚心诚意，"诚"字的另一半就是成功。

成功的人生，胜于成功的事业，一味追求事业的赢家，最后可能变成人生的输家。

人在高潮时，千万不可得意忘形，否则骄兵必败；人处低潮时，千万不可灰心丧志，否则郁卒自灭。

失败是人生必修的学分，除了勇敢面对它、接受它、处理它，没有第二条路。

如果忙得抽不出一点时间，常把忙碌一词作为口头禅，那就表示自己已被时间锁住，成了时间的奴隶。

人生有输有赢，得势顺境时，千万不要得意忘形，放纵自己；失势逆境时，千万不可消极颓唐，放弃自己。

人生成功的定义，要自己去找，别迷失在别人的看法中。

成功要靠圆形方孔钱的品质——圆滑在外，原则在心。

一个成功的人来说，雷厉风行往往是他的习惯，一丝不苟是他的手段，今日事今日毕是他的口头禅，美好生活就理所当然地是他的盘中餐。

上坡的路和下坡的路，其实是同一条路。

经一番挫折，长一番见识。

不磕不碰，骨头不硬——要学会在跌跤中学会走路。

人往往是越碰钉子越有心眼。

生活是参差不齐的，而生命是完全平等的。

成功=正确的定位+坚定的步伐+快乐的行进。

挫折磨难是锻炼意志、增加能力的好机会。

正路并不一定就是一条平平坦坦的直路，难免有些曲折和崎岖险阻，要绕一些弯，甚至难免会误入歧途。

事情的成败以结果为断，中间的波折不足为论。

成功源于态度，细节体现素质。

人的意志力往往取决于他的责任感。

简单并不等于容易。

不幸的事如同一把双刃剑——它可以让我们使用，也可以把我们割伤。主要是看你是抓住的是刀刃还是刀柄。

百分之一的错误会带来百分之百的失败。

成功的窍门：把小事做细，把细事做透。

命运有时也喜欢眷顾"三心二意"的人：对人有爱心，对已有信心，对社会有责任心；说话有创意，令大家都"满意"！

小猪问妈妈幸福在哪里，妈妈说幸福就在自己的尾巴上。于是小猪开始用嘴咬它的小尾巴，却总也咬不到，它沮丧地告诉妈妈自己抓不住幸福，妈妈笑笑说："孩子，只要你一直往前走，幸福就会一直跟着你……"

人总是在接近成功时倍感幸福，在成功进行时却患得患失。

不要为了貌似美丽的未来，放弃温暖的现在……

有人追求成功，所以努力，有人拥有成功，所以放弃。

金钱不能买到一切，包括成功；有了钱也不能避免一切，包括失败。

我每天都会问自己：今天做的是不是比昨天更好？我知道前方有太多的困难，但我不会退缩。因为我想看看外面的世界，因为我想实现所有的梦想。我始终相信：心有多大，舞台就有多大……

心灵咏叹
青春篇

● 青春无敌

简单就快乐，世故就变老。

上天赐予我们青春的同时也赐予了我们青春痘。

青春的勇气是：无所畏惧地接受上天给你的一切，然后挑战一切阻碍。

年轻是我们唯一拥有权利去编织梦想的时光。

是金子，总会花光的；是镜子，总会反光的。

不气盛是年轻人吗？

保护女孩子是不分年龄的！

天塌不下来，塌下来了当地踩。

年轻就是无限的可能。

青春就像卫生纸，看着挺多的，用着用着就不够。

● 我本真实

真实的我们都是不完美的，无论是我们自己还是我们的生活。

其实我也是超人，只是把内裤穿在里面了。

世界变化真快呀，上个月我的一个同学向我借了4000块钱，说要去做一个整容手术，结果现在我完全不知道他变成什么模样了。

悲剧好比是我不小心切掉了自己的小手指，喜剧好比是你不小心掉进了下水道。

争吵的时候，男生和女生的区别就像是步枪和机关枪的区别。

人工智能和天然愚蠢无法相提并论——因为我们主张纯天然。

学习真好玩，因为学习老玩我！

黑夜给了我一双黑色的眼睛，可我却用它来翻白眼。

我喝蜜汁是想把痛苦溺死，但这该死的痛苦却学会了游泳。

我左青龙，右白虎，肩膀画个米老鼠！

琴技再高超的肖邦，也弹不出我的低调。

狂妄的人有救，自卑的人没有救。我觉得我还可以抢救一下！

是金子总要发光的，但是当满地都是金子的时候，我自己也不知道自己是哪颗了。

我做过很多愚蠢的事情，但是我毫不在乎，我的朋友把这叫作自信。
英雄不问出路，天才不看岁数！

我不是广场上算卦的，说不出那么多你爱听的话。

● 男生女生
告诉你，我是靠实力吃饭的，所以我经常挨饿。

虽然我长得不是很帅，但小时候也有人夸我左边的鼻孔很偶像派。

你喜欢我哪一点，我改还不行吗？

你有什么不开心的事？说出来让大家开心一下。

我举着丘比特的箭追呀追，你穿着防弹背心飞呀飞。

如果把脸遮住，还真是个美女

虽然我很瘦弱，但我很凶猛。

你喜欢我哪一点？
喜欢你离我远一点！

世上的姑娘总以为自己是骄傲的公主——少数极丑和少数极聪明的姑娘例外。

如果没有真正的内涵，骡子配上金鞍也不会变成骏马。

我不是普通人，自然不说普通话。

这同学长得，把脸挡上跟个演员似的……

鄙视我的人这么多，你算老几？

不要炫耀自己认识的美女很多，很多美女认识你才值得炫耀；认识我的美女多了去了，你看我吹过？

数学课代表我本没什么印象，一天午休时我有一道题不懂，问了若干人都不会，于是问他。在为我耐心解答的半个小时里，他用的全是高深莫测的数学专业术语。最后，他用深邃忧郁的目光凝视着问我："明白了吗?"我装懂地点了点头,并在那一刻起芳心暗许,从此不断找机会接近他,就在苦恋到撑不住打算表白时,偶尔听见他和同桌在讨论乾隆的爸爸到底是康熙还是道光……于是我迅速深呼吸,收拾情绪,开始转恋历史课代表……

如果你想逻辑思维敏捷而想象力贫乏的话,去学数学吧;如果你想得到相反的效果,那就早恋吧。

我喜欢的女孩要像黛玉一样有才气,像宝钗一样懂事,像可卿一样漂亮,像湘云一样豪爽,像李纨一样忠贞,像探春一样能干,像凤姐一样精明,还要像元春一样有福气,呵呵……
但我不喜欢女孩像黛玉一样弱不禁风,宝钗一样自私自利,可卿一样风流薄命,湘云一样不通世务,迎春一样呆头呆脑,惜春一样心灰意冷,妙玉一样矫揉造作,哈哈……

你我都是单翼的天使,唯有彼此拥抱才能展翅飞翔。据说我们来到这个世上就是为了寻找另一半的,我千辛万苦终于找到了你……可是,我们的翅膀居然是一顺边的!

上帝一把从我手中将爱情夺走,说:"爱情不是你的!"于是我哭着找小朋友们做游戏去了……

对十六岁以上女孩,我注意发掘;对小于十六的,要有战略性眼光。

如果有一份真挚的爱情摆在我的面前,我一定会珍惜。可是,她在哪儿呀?

当天空出现彩虹的时候,你遇见的那个人就是你今生要找的人。所以,我喜欢多雨的夏季……

我喜欢温柔善良的女孩,我喜欢说话做事大方的女孩,我喜欢善解人意知书达理的女孩,我还喜欢成熟稳重但又有点单纯的女孩——可是,她们都不喜欢我……